Oldenbourg Interpretation
Band 107

Oldenbourg Interpretationen
Herausgegeben von
Klaus-Michael Bogdal und Clemens Kammler

begründet von
Rupert Hirschenauer (†) und Albrecht Weber

Band 107

Uwe Timm

Am Beispiel meines Bruders

Interpretation von Clemens Kammler

Oldenbourg

Zitate sind halbfett gekennzeichnet.

Die Seitenzahlen in Klammern beziehen sich auf folgende Ausgabe:
Uwe Timm, Am Beispiel meines Bruders, München: Deutscher
Taschenbuch Verlag 2005 (dtv 13316).

Bibliografische Information der Deutschen Nationalbibliothek:
Die Deutsche Nationalbibliothek verzeichnet diese Publikation in der Deutschen
Nationalbibliografie; detaillierte bibliografische Daten sind im Internet über
<http://dnb.ddb.de> abrufbar.

Das Papier ist aus chlorfrei gebleichtem Zellstoff hergestellt, ist säurefrei und
recyclingfähig.

© 2006 Oldenbourg Schulbuchverlag GmbH, München, Düsseldorf, Stuttgart
www.oldenbourg-bsv.de

Das Werk und seine Teile sind urheberrechtlich geschützt. Jede Nutzung in
anderen als den gesetzlich zugelassenen Fällen bedarf deshalb der vorherigen
schriftlichen Einwilligung des Verlages. Hinweis zu § 52a UrhG: Weder das Werk
noch seine Teile dürfen ohne eine solche Einwilligung eingescannt und in ein
Netzwerk eingestellt werden. Dies gilt auch für Intranets von Schulen und
sonstigen Bildungseinrichtungen. Der Verlag übernimmt für die Inhalte, die
Sicherheit und die Gebührenfreiheit der in diesem Werk genannten externen Links
keine Verantwortung. Der Verlag schließt seine Haftung für Schäden aller Art aus.
Ebenso kann der Verlag keine Gewähr für Veränderungen eines Internetlinks
übernehmen.

Bei den Zitaten, Gedichten, Literaturangaben und Materialien im Anhang ist die
neue Rechtschreibung noch nicht berücksichtigt.

1. Auflage 2006
Druck   10   09   08   07   06
Die letzte Zahl bezeichnet das Jahr des Drucks.

Umschlagkonzept: Mendell & Oberer, München
Umschlag: Stefanie Bruttel
Umschlagbild: © IFA-Bilderteam, Ottobrunn/München; Fotografin: Birgit Koch
Typografisches Gesamtkonzept: Gorbach GmbH, Buchendorf
Lektorat: Ruth Bornefeld, Monika Renz
Herstellung: Verlagsservice Dr. Helmut Neuberger
& Karl Schaumann GmbH, Heimstetten
Satz: jürgen ullrich typosatz, Nördlingen
Druck und Bindung: Appl Druck, Wemding

ISBN: 3-486-00107-8
ISBN: 978-3-486-**00107**-5   (ab 1.1.2007)
ISBN: 978-3-637-**00107**-7   (ab 1.1.2009)

Für Petra, Hannah und Max

Gedankt sei an dieser Stelle für die technische Unterstützung bei der Erstellung der Druckvorlage und für intensive Recherchen Kolja Bicker, für das Abtippen von Teilen des Manuskripts Nadine Schwenger, für die Hilfe beim Bibliografieren Elke Reinhard-Becker, für die Unterstützung beim Erstellen der Zeittafel zu Uwe Timm Dieter Wrobel und für wichtige Literaturhinweise Reinhard Wilczek. Andrea Albrecht, Matteo Galli, Martin Hielscher, Dirk Niefanger, Ulrich Simon und Rhys W. Williams haben mir freundlicherweise unveröffentlichte Manuskripte zur Einsicht überlassen, die, etwa zeitgleich mit diesem Buch, in zwei Sammelbänden über Uwe Timm erscheinen. Ihnen allen, sowie den Herausgebern dieser Bände, Friedhelm Marx, Frank Finlay und Ingo Cornils, sei ebenfalls herzlich gedankt. Meinem Mitherausgeber Klaus-Michael Bogdal und – last not least – Ruth Bornefeld, der Lektorin des Oldenbourg Verlages, danke ich für die zuverlässige und kompetente Zusammenarbeit.

Inhalt

Vorwort 9

1 Der Autor Uwe Timm und sein autobiografisches Projekt 11

2 **Die Rezeption der Erzählung** 14
2.1 Die literaturkritische und -wissenschaftliche Rezeption 14
2.2 Die Rezeption im außerliterarischen Erinnerungsdiskurs 17
2.3 Fazit: Lesarten der Erzählung 20

3 **Struktur, Sprache, Kontexte** 21
3.1 Zur Gattungsfrage 21
3.2 Die erzählte Zeit 22
3.3 Die Montagetechnik 26
3.4 Die Erzählperspektive 29
3.5 Sprachreflexion und -kritik in der Erzählung 30
3.6 Zur Funktion von Zitaten und essayistischen Passagen: die Erzählung als Interdiskurs 32
3.7 Historische Kontexte 34
3.7.1 Deutscher Nationalismus 35
3.7.2 Wehrmacht und Waffen-SS 36
3.7.3 Die Nachkriegszeit und die ›Unfähigkeit zu trauern‹ 37

4 **Personen** 40
4.1 Der Bruder 40
4.1.1 Der Bruder im Spiegel der Erzählungen der Eltern 41
4.1.2 Der Bruder im Spiegel seiner Briefe und Tagebuchaufzeichnungen 42
4.1.3 Der Bruder als exemplarische Figur 46
4.2 Der Vater 48
4.3 Die Mutter 51
4.4 Die Schwester 52
4.5 Der Erzähler 54
4.6 Weitere Personen 58
4.7 Zusammenfassung: Die familiäre Personenkonstellation 59

5	Exemplarische Textanalysen 61
5.1	Der Anfang der Erzählung (S. 7–12) 61
5.2	Der Schluss der Erzählung (S. 151–155) 64
5.3	Die Träume des Erzählers 67

6   Schlussbemerkungen 73

Unterrichtshilfen
1 Didaktische und methodische Aspekte 75
2 Checkliste: Voraussetzungen und Schwierigkeiten bei der Lektüre 77
3 Unterrichtsreihen 78
4 Stundenübersicht 79
5 Unterrichtssequenz 81
6 Klausurvorschläge/Referate/Projekte 102
7 Materialien 106

Anhang
Anmerkungen 132
Literaturverzeichnis 137
Zeittafel zu Leben und Werk 143

Vorwort

In UWE TIMMS autobiografischem Prosatext AM BEISPIEL MEINES BRUDERS geht es um die Geschichte der Familie des Autors, deren erstgeborener Sohn sich 1943 als Achtzehnjähriger freiwillig zur Waffen-SS meldet und noch im selben Jahr im Russland-Feldzug ums Leben kommt. UWE TIMM, der 16 Jahre jüngere Bruder und ›Nachkömmling‹ der Familie, den der Verstorbene **abwesend und doch anwesend** durch seine Kindheit begleitet (8), begibt sich fast sechzig Jahre später auf die Suche nach den Ursachen für das Familientrauma. Dabei bleibt er nicht bei Recherchen über das Leben und Sterben seines Bruders stehen, sondern erzählt eine Geschichte, die als ganze ebenso beispielhaft ist wie die Biografie des erstgeborenen Sohnes Karl-Heinz. Obwohl sich die erzählte Zeit über ein komplettes Jahrhundert erstreckt, liegt der Schwerpunkt der Erzählung auf der Zeit des Nationalsozialismus, dem Krieg und der Nachkriegszeit. In letztere fällt ein großer Teil der Kindheit und Jugend des Erzählers, die dieser immer wieder in Beziehung zu derjenigen seines verstorbenen Bruders setzt, indem er die Kontinuität des familiären Wertesystems kritisch hinterfragt.

Angesiedelt ist die Erzählung im Rahmen eines Erinnerungsdiskurses,[1] der weit über die Grenzen von Literaturwissenschaft und -kritik hinausweist. Angesichts der Fülle wissenschaftlicher, literarischer und medialer Erzeugnisse zu diesem Thema stellt sich die Frage nach ihrer Besonderheit, die es rechtfertigt, sie zum Gegenstand einer längeren Interpretation wie der vorliegenden zu machen und als Lektüre für den Deutschunterricht vorzuschlagen. TIMMS Text ist nicht nur ein beliebiges autobiografisches Zeugnis, sondern unterläuft die Grenzen zwischen ›Sachtext‹ und ›ästhetischem Artefakt‹ auf spezifische Weise, indem er historische Information und literarisches Schreiben gezielt miteinander verbindet. Wenn es als besondere Leistung von Literatur gilt, dass sie Erfahrungen früherer Generationen aus der Perspektive von Personen darstellt, in die sich die Leser hineinversetzen können, und damit Nähe zu subjektiven Lebenswelten herstellt,[2] so trifft dies auf diese Erzählung jedoch in anderer Weise zu als auf einen Roman oder Spielfilm. Denn TIMM montiert immer wieder historische Dokumente in die autobiografische Erzählung, die er ebenso wie diese zum Gegenstand von Distanznahme und Reflexion macht. Er arbeitet so am außerliterarischen Erinnerungsdiskurs und problematisiert gleichzeitig – literarisch – dessen Authentizität und Funktionsweise. In einem wichtigen Punkt unterscheidet sich AM BEISPIEL MEINES BRUDERS dabei von erfolgreichen Medienprodukten der vergangenen Dekade wie Guido Knopps Dokumentarfilm STALINGRAD³ oder Bernhard Schlinks Romanbestseller DER VORLESER⁴. Auch wenn es nicht darum gehen kann, diese pauschal abzuwerten, so ist in ihnen die Tendenz zur einseitigen Betonung der Opferrolle aufseiten deutscher Wehrmachtsangehöriger oder gar KZ-Schergen doch unverkennbar.⁵ In TIMMS Erzählung wird hingegen unter Verzicht auf einen moralisierenden Gestus die Täterschaft des eigenen Bruders und des eigenen Vaters thematisiert.

Nicht nur in der neueren literaturdidaktischen Diskussion ist darauf hingewiesen worden, dass wir uns gegenwärtig einer Situation nähern, in der die letzten Zeugen der nationalsozialistischen Herrschaft ausgestorben sein werden. Dies führt zu einer erhöhten Aufmerksamkeit gegenüber ihren Zeugnissen gerade aufseiten der jüngeren, der so genannten **dritten Generation**.⁶ UWE TIMM ist zwar ein Vertreter der ›zweiten Generation‹, aber seine Erinnerungen und damit seine Zeugenschaft reichen bis in seine früheste Kindheit, also bis in die NS-Zeit, zurück. Da er diese im Zusammenhang mit der Nachkriegszeit thematisiert, in der unsere heutige bundesrepublikanische Gesellschaft entscheidend geprägt wurde, ist sein Erzählprojekt genealogisch im doppelten Sinne des Wortes: Familiengeschichte und kritische Herkunftsanalyse unserer Gegenwart.⁷ Denn es versucht, unausgesprochene und verdrängte Anteile des ›Eigenen‹ freizulegen, sich mit dem Fremden auseinanderzusetzen, das Bestandteil unserer Geschichte ist und in stärkerem Maße über uns herrscht, als wir es wahrhaben wollen und das aufzuarbeiten offenbar erst heute möglich ist.⁸ Ebenso wie diverse philosophische und kulturwissenschaftliche Theorien (von Friedrich Nietzsche über Michel Foucault bis hin zu Jan Assmann) und, bei aller Anschaulichkeit, nicht minder gezielt als sie, thematisiert TIMMS Erzählung dieses verschüttete Eigene.

1 Der Autor Uwe Timm und sein autobiografisches Projekt

UWE TIMM, so schreibt der bekannte Literaturkritiker Ulrich Greiner,

ist einer der erfolgreichsten deutschen Schriftsteller [...]. Er neigt weder zur raunenden Dunkelheit noch zum spekulativ Verstiegenen, weder zum literarisch Artifiziellen noch zum subjektivistischen Exzeß. Er ist, im Gegenteil, brennend an *Wirklichkeit* interessiert, an Sachverhalten, Lebensweisen, gesellschaftlichen Vorgangen, und er liebt die Menschen und ihre Geschichten.[9]

Geboren wurde TIMM am 30.3.1940 in Hamburg.[10] Nach dem Schulbesuch absolvierte er ebenso wie sein 1943 in Russland gefallener Bruder Karl-Heinz eine Kürschnerlehre – ein Beruf, der ihn zur späteren Übernahme des väterlichen Geschäfts qualifizieren sollte, nach eigener Auskunft aber **langweilte** (39). Die Leitung des Geschäfts übernahm er nach dem Tod des Vaters im Jahre 1958, bevor er von 1961 bis 1963 das Abitur am Braunschweig-Kolleg, einem Gymnasium für Erwachsene, nachholte. In den Jahren von 1966–1971 studierte er in München und Paris Philosophie und Germanistik, eine Zeit, in die auch seine politische Tätigkeit im Sozialistischen Deutschen Studentenbund (1967/68) fällt. Nach der 1971 abgeschlossenen Promotion über DAS PROBLEM DER ABSURDITÄT BEI ALBERT CAMUS studierte TIMM Soziologie und Volkswirtschaft und arbeitete als freier Schriftsteller. TIMMS literarische Aktivitäten sind bereits in den Jahren nach der Studentenbewegung vielfältig. 1971/72 war er Mitbegründer der ›Wortgruppe München‹, außerdem Mitherausgeber der *Literarischen Hefte* und von 1972–1982 der *Autoren Edition* im Bertelsmann-Verlag. Hinzu kamen verschiedene Auslandsaufenthalte, unter anderem 1981 als ›writer in residence‹ an der Universität Warwick, Großbritannien, und 1997 an der Washington University in St. Louis. 1991/92 war TIMM Gastdozent an der Universität Paderborn, im Frühjahr 2005 an der Universität Bamberg. Gegenwärtig (2006) ist er außerdem ordentliches Mitglied der ›Deutschen Akademie für Sprache und Dichtung‹ in Darmstadt und des ›PEN‹-Zentrums der Bundesrepublik Deutschland. UWE TIMM lebt heute in München.

Wenngleich es sich bei der Erzählung AM BEISPIEL MEINES BRUDERS um keine Autobiografie im strengen Sinne handelt, so ist sie doch Teil einer Textgruppe im Werk dieses Autors, die deutlich autobiografische Züge aufweist. Zu dieser gehören insbesondere die RÖMISCHEN AUFZEICHNUNGEN, die über einen zweijährigen Romaufenthalt des Autors, seiner Ehefrau, der

Übersetzerin Dagmar Ploetz, und ihrer gemeinsamen Kinder berichten, sowie die 2005 erschienene Erzählung DER FREUND UND DER FREMDE, deren Handlung unmittelbar an die in AM BEISPIEL MEINES BRUDERS dargestellte anschließt. Dort geht es vor allem um die Freundschaft des Autors mit Benno Ohnesorg, der am 2. Juni 1967 während der Anti-Schah-Demonstration in Berlin von einem Polizisten erschossen wurde und mit dem zusammen TIMM zu Beginn der sechziger Jahre in Braunschweig das Abitur auf dem zweiten Bildungsweg nachholte. Außerdem werden die Auseinandersetzung des jungen Autors mit dem Existenzialismus Camus', auf dessen Erzählung DER FREMDE der Titel anspielt, sowie die Frühphase der Studentenbewegung behandelt. Stark autobiografisch gekennzeichnet ist auch eine Reihe von fiktionalen Texten TIMMS, insbesondere die beiden ersten Romane HEISSER SOMMER und KERBELS FLUCHT, in denen die historische Entwicklung und das Scheitern der Studentenbewegung dargestellt wird. Über diese Bezüge hat der Autor 1995 in einem Werkstattgespräch mit Manfred Durzak ausführlich Bericht erstattet.[11]

Auch sein früheres politisches Engagement, einschließlich seiner 1973 beginnenden und in den achtziger Jahren endenden Mitgliedschaft in der Deutschen Kommunistischen Partei (DKP), die er in AM BEISPIEL MEINES BRUDERS in einem kurzen Absatz erwähnt, wird dort behandelt (vgl. 146 f.).[12] Bereits sein längerer Italienaufenthalt zu Beginn der achtziger Jahre, so schreibt er knapp 20 Jahre nach seiner Ablösung von der Partei, sei **eine Flucht aus der dogmatischen Enge der marxistischen Diskussion** gewesen.[13]

Nicht im Widerspruch zu seiner Entscheidung, einer sich zunehmend auf SED-Kurs begebenden politischen Gruppierung[14] den Rücken zu kehren, steht die Tatsache, dass TIMM sein Erzählen auch später noch als politisch begreift,[15] **selbst dann, wenn es sich gegen jegliche Ideologie richtet.**[16] In diesem Zusammenhang erwähnt er wiederholt das Heidegger'sche Motiv der **existenzielle[n] Unwiederholbarkeit der Zeit,**[17] die allein durch die Kunst aufgehoben werden könne. Als **Erinnerung an das, was einmal erlebt und erlitten worden ist und gegen seine Flüchtigkeit im Bild festgehalten wurde,** sei die Kunst **Selbstvergewisserung des kollektiven Gedächtnisses.**[18] Der politische Charakter von Kunst, mithin von Literatur, besteht für TIMM folglich darin, dass sie Zeugnis ablegt **von dem mühevollen Weg, den das Bewusstsein genommen hat,**[19] und dass sie zu diesem Weg Stellung nimmt.

Die bedeutende Position der Erzählung AM BEISPIEL MEINES BRUDERS innerhalb des autobiografischen und erinnerungspolitischen Projekts von UWE TIMM kann man daran ermessen, dass hier verschiedene Bausteine aus früheren Texten des Autors in leicht veränderter Form und an zentraler

Position integriert worden sind. Man kann sagen, dass in diesem Text entscheidende autobiografische Motive aus seinem bisherigen Prosawerk wie in einem Brennglas vereinigt sind, ja, dass er **das konzentrierte Präzipitat [d.h. der Bodensatz; C. K.] der unzähligen autobiographischen Ansätze darstellt,** die in anderen Werken TIMMS vorhanden sind.[20]

So wird bereits in den 1989 in erster Ausgabe erschienenen RÖMISCHEN AUFZEICHNUNGEN in einer knapp zwei Seiten langen Passage über den Bruder berichtet. Hier ist die Rede von einem Traum, in dem sich der Bruder hinter einem Besenschrank versteckt hat, um den Erzähler als kleinen Jungen zu überraschen: **meine einzige Erinnerung an ihn.**[21] Die folgenden Absätze handeln von seiner freiwilligen Meldung zur Waffen-SS, von einer merkwürdigen Begebenheit auf dem Weg zum Musterungsbüro, von seiner Verwundung und schließlich von einer Pappschachtel mit den Habseligkeiten, die der Mutter nach seinem Tod zugesandt wurden. Anfang und Schluss – und somit der gesamte Rahmen der Erzählung AM BEISPIEL MEINES BRUDERS – liegen hier bereits in nuce vor. Auch zahlreiche andere Episoden finden sich in variierter Form im früheren Prosawerk des Autors.[22] So ist die Geschichte vom versuchten Aufstieg, vom Scheitern und Sterben des Vaters Hans Timm in KERBELS FLUCHT (Erstveröffentlichung 1980) ausführlich dargestellt, wobei im Vergleich zum späteren autobiografischen Bericht nur Details verändert sind.[23] Im 1996 erschienenen Roman JOHANNISNACHT schließlich taucht der beinamputierte Bruder in einer Traumszene auf und drängt den Erzähler dazu, eine bestimmte Schublade eines Büroschranks aufzuziehen, die sich jedoch – im Gegensatz zu den anderen, mit zusammengeknüllten Manuskripten gefüllten Schubladen des Schrankes – nicht einmal **mit Gewalt** öffnen lässt. **Ich zog,** so berichtet der Erzähler weiter, **nur schwach, tat aber so, als zöge ich mit aller Kraft.**[24] Hier deutet sich nicht nur die Ambivalenz des Erzählers gegenüber dem Thema, sondern auch die latente Dringlichkeit des Erzählprojekts an, das TIMM mehrere Jahre später in AM BEISPIEL MEINES BRUDERS realisiert.

2 Die Rezeption der Erzählung

2.1 Die literaturkritische und -wissenschaftliche Rezeption[25]

Die Pressereaktionen auf die Erzählung sind vielfältig. Timm habe, schreibt Jochen Hörisch in der *Neuen Zürcher Zeitung* (vgl. Mat. 2), eine **ebenso dichte wie aussagekräftige Familiengeschichte vorgelegt**, deren intellektuelle und emotionale Faszination im Nebeneinander von Normalität und **sich seltsam einstellende[r] Anormalität** bestehe. Von **bewegenden Einsichten** ist die Rede, die darauf zurückzuführen seinen, dass Timm illusionslos nach dem **vermeintlich Unwichtigen, Tabuisierten** frage.[26] Dass die Familienrecherche auch eine **Selbstbegegnung** ist und es somit um **zwei exemplarische deutsche Lebensläufe** geht, die in Timms Buch zusammengeführt werden und **immer weitere Kreise ziehen**, hebt Hubert Spiegel in der *Frankfurter Allgemeinen Zeitung* hervor. **Nüchterner und liebevoller, zarter und unerbittlicher ist über die deutsche Vergangenheit selten geschrieben worden**, heißt es am Ende seiner umfangreichen Besprechung.[27] Es ist diese **Harmonie zwischen der Nähe subjektiv-identifikatorischer Aneignung und der Distanz historischer Beurteilung, mithin zwischen Poesie und Aufklärung**, die auch Ursula März in der *Zeit* als die entscheidende Stärke des Buches hervorhebt. Dieses spiegele eine **Bewältigungsfähigkeit, die von Verdrängung so frei ist wie von Verdammung**.[28] Mit der sprachlichen Form setzt sich Helmut Böttiger in der Zeitschrift *Literaturen* auseinander. Er verweist auf die leitmotivische Rolle einiger Zitate aus den Briefen und Tagebuchaufzeichnungen des Bruders und kritisiert, bei aller Bedeutung, die er dem Buch als **Gefühlsstudie** zugesteht, die nicht nur vom **autoritären deutschen Charakter**, sondern auch vom **Aufbegehren** der 68iger-Generation handele, **das etwas Unbeholfene** einzelner Textpassagen, das im Widerspruch zu dem starken **Formwillen** des Buches stehe. Auch wirke dieses **unabgeschlossenen**, aber gerade deshalb sei es **ein wichtiges Buch**. Denn es dokumentiere, **wie schwierig der deutsche Weg zur Demokratie war, wie dünn der Firnis der Zivilisation**.[29]

Grundsätzlichere Kritik übt Klaus Siblewski in der *Frankfurter Rundschau*: Timm könne die gesellschaftlichen Ursachen des unkritischen Umgangs mit der Nazi-Zeit nach 1945 nur unzureichend fassen, da er eine **radikal persönliche Sichtweise** wähle. Dennoch gelinge es ihm, in diesem zwischen Erzählung und Notizsammlung schwankenden Buch den Leser **in die schwierigste aller zeithistorischen Fragen** zu verwickeln.[30] Steffen Richter moniert dagegen im *Tagesspiegel*, dass der Text ein Zuviel an zeithistorischer Reflexion enthalte, dass TIMM dort, wo ihn das Vertrauen in seine Familiengeschichte verlasse, **zum Dozenten** werde. Dies sei unnötig, weil der **Mythos von der ›anständigen‹ Wehrmacht** längst entlarvt, **die Sozialpathologie ›des Deutschen‹** mit seinen preußischen Tugenden längst geleistet sei.[31]

Die tendenzielle Austauschbarkeit solcher Einwände wird deutlich, wenn man sie im Kontext anderer Kritiken betrachtet. Gerade **das Fragmentarische und Unmögliche der Bewältigung**, so urteilt beispielsweise Ingo Arend, abweichend von der zuletzt genannten Kritik, im *Freitag*, werde durch TIMMS an die Montage-Technik seines Romans *MORENGA* erinnernde Erzählweise **besser auf den Punkt [gebracht] als [durch] jede exakte Historie**.[32] Hohes Lob und gleichzeitig Kritik zollt Jürgen Wutschke UWE TIMM. Zwar lege er **ein großes Buch** vor, doch schreibe dieses Buch ihn; im Grunde erarbeite er sich darin seinen Vater, während er dem Bruder **nicht wirklich nahe** komme. So gelinge es ihm **selbst in der Dekonstruktion des Vaters nicht, ihm den Bruder zu entreißen**.[33] In eine ähnliche Richtung geht die ausführliche Kritik von Marcel Atze, der dem Autor bescheinigt, dass er seine Recherche **ohne jede Rücksicht auf sich selbst** durchgeführt habe. Gleichwohl entziehe sich ihm der Bruder mit fortschreitender Ermittlung immer mehr.[34]

Freilich lassen sich solche Feststellungen kaum als Argumente gegen die Qualität der Erzählung wenden. Als Gegenstand historischer Recherche entzieht sich der Bruder dem Erzähler aufgrund des begrenzten Quellenmaterials, das ihm hierbei zur Verfügung steht, in einem bestimmten Maße zwangsläufig.

Der vehementeste Einwand gegen TIMMS Buch lautet: **Selbstgerechtigkeit** gegenüber der Kriegsgeneration.[35] Während Manfred Oehlen im *Kölner Stadtanzeiger* noch konzediert, es liege dem Autor **vermutlich [...] fern, sich über Vater und Bruder zu erheben, doch verhinder[e] sein Text nicht diesen Eindruck**,[36] so wird der Vorwurf von Günter Franzen in einem Beitrag der *Frankfurter Hefte* mit aller Schärfe formuliert: TIMM, so heißt es dort, begnüge sich **im behaglichen Gehäuse einer blitzsauberen Gesinnung mit der Verhaftung der üblichen Verdächtigen**, seine Abrechnung mit dem Bruder stehe für die **Mitleidlosigkeit eines bestimmten Typus der Achtundsechziger mit den deutschen Opfern**.[37] Ähnlich argumentiert Ekkehard Rudolph in der *Stuttgarter Zeitung* (vgl. Mat. 3). TIMM, der den Krieg nicht kenne und nicht wisse, **was ein Frontsoldat, der überleben will, empfindet**, frage nicht nach den Voraussetzungen, die seinen Bruder und seinen Vater dazu gebracht hätten, sich **blind und widerspruchslos in die Katastrophe** führen zu lassen. Weder beantworte er die Frage, welche **Ideale** sein Bruder und andere junge Leute dieser Generation dazu veranlasst hätten, sich freiwillig zur Waffen-SS zu melden, noch beachte er die **Hinweise zur inneren Biografie des Vaters**, die Aufschluss über dessen politische Haltung (einschließlich der Nicht-Mitgliedschaft in der NSDAP) hätten geben können. Weiter heißt es dort: So bewegend diese Familiengeschichte auch ist: der Generation unserer Eltern und Großeltern wird sie nicht gerecht.[38]

Was der zuletzt zitierte Rezensent als Mangel des TIMM'SCHEN Buchs ansieht, erscheint anderen wiederum als dessen Vorzug: dass nämlich gerade diese Fragen durch die Erzählung aufgeworfen werden. Hier deutet sich an, dass der **Schleier der Ungewissheit**,[39] der sich bei der Lektüre dieses Buches nicht ohne Weiteres lüften lässt, ein Signum seiner Poetizität ist. Doch nicht nur das: Wo eine an einem naiven Konzept von Ergebnisorientierung ausgerichtete Erinnerungsstrategie eindeutige Antworten erwartet, stellt literarisches Erinnern Fragen – auch und gerade diejenigen, die der Rezensent vermisst, weil er TIMMS Text offensichtlich aus einer ideologischen Position heraus liest, für die bereits feststeht, dass **diejenigen, die zufällig zur Tätergeneration gehörten, [...] selbst nicht Täter waren**.[40] Die von der Mehrzahl der Rezensenten erkannte Stärke von TIMMS Buch scheint dagegen gerade darin zu bestehen, dass es weder einer solchen Entlastungsstrategie folgt, die die Opferrolle von vornherein für die eigenen Familienangehörigen reklamiert, noch einer – dieser Strategie entgegengesetzten – Verurteilung das Wort redet. Es wird vielmehr auf der Basis eines notwendigerweise fragmentarischen und heterogenen Erinnerungsmaterials nach Ursachen für das Geschehene gesucht und über die Frage reflektiert, wie es nicht hätte geschehen können. Dass dabei die Perspektive der eigenen Generation – und zwar durchaus nicht selbstgerecht, sondern selbstkritisch – eingebracht wird, kann man auch als einen entscheidenden Vorzug dieses Buches ansehen. Dies betont insbesondere Klaus Naumann, wenn er auf **ein brisantes Motiv** hinweist, das er in TIMMS Erzählung allerdings nur einmal entdecken kann: die Rede von seiner ›**Bewunderung für die Genossen im KZ**‹, in deren Hartnäckigkeit er die vom ›Vater eingeforderten alten Tugenden Stetigkeit, Pflichterfüllung‹ wiedererkennt[41] und die ihn veranlasst hat, in die DKP einzutreten. Naumann sieht **in diesem Zirkelschluss ein ganzes Stück bundesdeutscher Zeitgeschichte**[42] zusammengefasst, deutet allerdings auch an, dass ihm die Erzählung in der Reflexion dieses Zirkelschlusses nicht weit genug geht.

Auch einige Beiträge aus zwei neuen Sammelbänden zum Werk UWE TIMMS[43] beschäftigen sich mit AM BEISPIEL MEINES BRUDERS. In ihnen spielt die Frage nach der diskursiven Verortung der Erzählung eine zentrale Rolle. So vermutet Andrea Albrecht, dass TIMMS Erzählung wie die in ihr mehrfach zitierte Studie GANZ NORMALE MÄNNER von Christopher Browning dem vom Cliffort Geertz entwickelten mikrohistorischen Konzept der dichten Beschreibung⁴⁴ verpflichtet sei, bei dem es darum gehe, **sich die selbstinterpretative Dimension des historisch oder kulturell anderen Bewusstseins zu erschließen.**⁴⁵ Die Rekonstruktion dieses kulturellen Kontextes, den Geertz als **selbstgesponnenes Bedeutungsgewebe**⁴⁶ bestimmt, stoße in der Erzählung jedoch an Grenzen. In dem Maße, wie TIMM die dichte Beschreibung des brüderlichen Verhaltens aufgrund des begrenzten Zugangs zum Innenleben des Bruders misslinge, gelinge ihm allerdings die dichte Beschreibung des Erinnerungsvorganges selbst. Wie Albrecht verortet Matteo Galli die Erzählung im Rahmen einer **Oral History**⁴⁷. Er untersucht in zwei Beiträgen gezielt das vom Erzähler herangezogene und kommentierte Fotomaterial und dessen Beispielhaftigkeit – nicht nur im Rahmen der Rekonstruktion des familiären, sondern auch des **kulturellen Gedächtnisses.**⁴⁸ TIMMS zentrales Anliegen sieht er darin, ersteres in letzteres zu transformieren. Das familiäre Dokument werde auf diese Weise – so Galli treffend – zum **Mahnmal.**⁴⁹ Dirk Niefanger sieht TIMMS Projekt innerhalb des literarischen Erinnerungsdiskurses der Gegenwart in deutlicher Abgrenzung von der **radikal-individualistische[n] Position** eines Martin Walser, der in seinem Roman *EIN SPRINGENDER BRUNNEN* (1998) über eine Jugend in Deutschland erzähle, **wo keine KZs und kaum Nazis vorkommen.**⁵⁰ Wie auch Albrecht siedelt er TIMMS Erinnerungskonzept außerdem in der Nähe zum Geschichtsdenken Walter Benjamins⁵¹ an, das durch die **Melancholie einer im Grunde gescheiterten, aber dennoch nicht nachlassenden Hoffnung auf historische Veränderung** gekennzeichnet sei.⁵² Nicht nur bezogen auf sein eigenes Werk, sondern auch in Bezug auf die Werke anderer Autoren, so könnte das Fazit dieser Analysen lauten, ist TIMMS Erzählung **hochgradig intertextuell.**⁵³

2.2 Die Rezeption im außerliterarischen Erinnerungsdiskurs

Innerhalb des allgemeinen Erinnerungsdiskurses über Nationalsozialismus und Holocaust lässt sich seit Beginn des neuen Jahrtausends eine signifikante Entwicklung verzeichnen. Festzustellen ist die zunehmende Auseinandersetzung mit Tabuthemen wie Flächenbombardierung, Flucht oder Vertreibung, die bislang zwar in den Familien präsent waren, innerhalb der offiziellen Erinnerungskultur aber lange keine wesentliche Rolle gespielt hatten. Aleida Assmann spricht hier im Gegensatz zu einer **von oben** inszenierten **top-down-Erinnerung** von einer **bottom-up-Erinnerung, in der sich von unten eine Energie entlädt.**⁵⁴ Dieser rechnet sie auch literarische Texte wie den von UWE TIMM zu. In einer Auseinandersetzung mit dieser neuen Facette des Erinnerungsdiskurses würdigt der Pädagoge und Holocaust-Forscher Micha Brumlik TIMMS Erzählung als **intellektuell redliche Selbsterforschung,**⁵⁵ die exemplarisch stehe für die **Traumatisierung der**

Generation der um 1940 geborenen Deutschen,[56] die Krieg und Vertreibung als Kleinkinder erlebt hätten: **Sie leiden an einem Alp, weil sie keine realen Erfahrungen machen können. Das Unheimliche sucht sie heim.**[57] Als Beleg für diese Traumatisierungsthese führt Brumlik unter anderem die in der Erzählung dargestellten Traumsequenzen (vgl. hierzu die Analyse in Kap. 5.3) an.

Ein weiterer prominenter Leser Timms ist der Sozialpsychologe Harald Welzer, der in seinem Buch OPA WAR KEIN NAZI[58] gezeigt hat, dass im Gedächtnis deutscher Familien die Tendenz zu einer einseitigen, ja verzerrenden Geschichtsbetrachtung besteht. Welzer unterscheidet in Anschluss an Jan Assmann zwischen dem ›kulturellen‹ und dem ›kommunikativen Gedächtnis‹ einer Gesellschaft. Während ersteres definiert ist als **Sammelbegriff für alles Wissen, das im spezifischen Interaktionsrahmen einer Gesellschaft Handeln und Erleben steuert und von Generation zu Generation zur wiederholten Einübung und Einweisung ansteht,**[59] sich dabei auf institutionalisierte Kommunikationsformen stützt und durch Alltagsferne auszeichnet, ist letzteres durch Alltagsnähe gekennzeichnet. Im Gegensatz zum kulturellen beinhaltet das kommunikative Gedächtnis, zu dessen zentralen Bestandteilen nach Welzer das Familiengedächtnis gehört, **die eigensinnige Verständigung der Gruppenmitglieder darüber […], was sie für ihre eigene Vergangenheit halten.**[60]

Das paradox anmutende Resultat der von Welzer und seinen Mitarbeitern publizierten Umfrageergebnisse besteht darin, dass insbesondere die jüngeren Generationen über umfassende Informationen zur Geschichte des Dritten Reiches und des Holocaust verfügen, in ihren eigenen Familienerinnerungen Nazis jedoch praktisch nicht vorkommen. Im Gegenteil: Eltern und Großeltern werden zu **Helden des alltäglichen Widerstands** stilisiert und es dominiert die Überzeugung, **dass Deutsche Opfer waren – Opfer von Krieg, Vergewaltigung, Kriegsgefangenschaft, Mangel und Not.**[61]

Dieser **Opferdiskurs** – so Welzer weiter – bediene sich eines Verfahrens, das man als **Wechselrahmung** bezeichnen könne: Szenen aus der Vergangenheit würden dabei mit narrativen und visuellen Versatzstücken kombiniert, die man aus der Geschichte der Verfolgung und Vernichtung der europäischen Juden durch die Nationalsozialisten kenne. Dem liege das Bedürfnis zugrunde, die eigenen Angehörigen **im nationalsozialistischen Universum des Grauens so zu platzieren, dass von diesem Grauen kein Schatten auf sie fällt.**[62] Eine derartige Tendenz glaubt Welzer auch in einer ganzen Reihe neuerer Generations- und Familienromane ausmachen zu können, unter anderem in Bernhard Schlinks DER VORLESER, Ulla Hahns UNSCHARFE BILDER und Reinhard Jirgls DIE UNVOLLENDETEN.[63]

Gerade TIMMS Erzählung bescheinigt er aber, dort **Ambivalenz** zu riskieren, wo andere **Schriftsteller zur Eindeutigkeit und folglich zur Befriedung** tendieren. TIMM verweigere sich dem skizzierten Einverständnis kraft einer **höchst skrupulösen** Annäherung an die Lebensgeschichte seines Bruders, sodass sein Buch **inkompatibel mit dem neuen deutschen Opferdiskurs** sei.[64] Allerdings schränkt Welzer diese positive Beurteilung der Erzählung in anderem Zusammenhang wieder ein. In einem Gespräch mit der Zeitschrift *Psychologie heute* (vgl. Mat. 15) räumt er auf die Frage der Interviewerin, ob es in der Erzählung nicht auch einzelne Beispiele für ›Wechselrahmung‹ gebe, letzteres ein und stellt außerdem die Frage, warum TIMM **kein einziges Wort darüber verliert, dass er selbst einmal totalitäres Gedankengut geteilt hat. Er hat ja selbst eine kommunistische Vergangenheit, wie so viele aus dieser Generation.**[65]

Angespielt wird hier auf TIMMS zeitweilige Mitgliedschaft in der Deutschen Kommunistischen Partei (DKP), auf die in der Erzählung allerdings – wenn auch ohne explizite Erwähnung des Parteinamens – selbstkritisch Bezug genommen wird (vgl. 146 f.). Außerdem hat TIMM über diesen Teil seiner Biografie an anderer Stelle detailliert Auskunft gegeben (vgl. Kap. 1). Was den Vorwurf der ›Wechselrahmung‹ anbetrifft, so stützt sich die Kritik auf zwei Textstellen aus der Erzählung, in der TIMM **um Empathie und Mitleid für seinen Bruder** werbe. Zum einen vergleiche er die Tätowierungen der SS-Angehörigen mit denen der KZ-Häftlinge, zum anderen stelle er **die Einsamkeit des Frontsoldaten in Zusammenhang mit der Einsamkeit der KZ-Insassen.**[66] Zur ersten dieser beiden Textstellen (58 f.) ist anzumerken, dass TIMM hier keineswegs Opfer und Täter gleichsetzt, sondern das Tätowieren beider Gruppen als **reziproke Handlung** deutet, als Ausdruck einer **Ideologie, die ständig und immer wieder mit dem Blut argumentierte, dem Stammbaum, der Zucht** (59). Und ebenso wenig wie diese lässt sich die zweite Textstelle (102) ohne Weiteres als Beispiel für die Welzer'sche ›Wechselrahmung‹ anführen. Im Gegenteil: TIMM rahmte die Aussagen Primo Levis über die **tiefe Verlassenheit** der KZ-Häftlinge, denen keinerlei Möglichkeit gegeben war, Kontakt zu ihren Freunden und Verwandten zu halten, durch Textpassagen aus einem Feldpostbrief des Bruders an die Mutter ein, wobei der Satz **Nun liebe Mutsch will ich schließen, schreibe mir bald wieder** (102) vor und nach dem Absatz über Levi steht. Durch diese Textmontage wird daran erinnert, dass der Bruder diese Möglichkeit hatte, die den KZ-Häftlingen verwehrt blieb.

Wie die literaturkritische, so zeigt die Rezeption der Erzählung im Erinnerungsdiskurs, wie stark das Bedürfnis zu sein scheint, einen literarischen Text mit dieser Thematik Diskurspositionen zuzuordnen, denen er sich zumindest tendenziell entzieht.[67]

2.3 Fazit: Lesarten der Erzählung

Zusammenfassend lässt sich festhalten, dass die thematische Komplexität der Erzählung zu unterschiedlichen Lesarten führt, deren Fokus auf den Text allerdings teilweise einseitig ist. AM BEISPIEL MEINES BRUDERS ist zweifellos eine *Tätergeschichte*, eine *Vätergeschichte* und eine Geschichte zweier ungleicher, unter Berücksichtigung ihrer ungelebten Potenziale aber doch nicht völlig verschiedener *Brüder* und steht somit in prominenten motivgeschichtlichen Kontexten.[68] Es ist aber ebenso eine Geschichte über die Mutter und die Schwester des Erzählers, mithin eine *Familiengeschichte*.[69] Gerade der Tatsache, dass den Lebensläufen der weiblichen Familienmitglieder in der Erzählung lange Passagen gewidmet sind, hat die Rezeption bislang relativ wenig Beachtung geschenkt. Weniger thematisiert wird hier auch der Aspekt der *Adoleszenzerzählung*: die Auseinandersetzung mit dem Wertesystem der Nachkriegszeit, das dem Erzähler als Jugendlichem in der eigenen Herkunftsfamilie vermittelt wird und gegen das er aufbegehrt.[70]

Breiten Raum – und das rechtfertigt der das Exemplarische betonende Titel – nimmt in der Rezeption dagegen die Auseinandersetzung mit der *zeitgeschichtlichen Dimension* ein. Krieg, Holocaust und die für die Nachkriegszeit sprichwörtliche ›Unfähigkeit zu trauern‹ sowie die Frage, welche Folgen diese Unfähigkeit zeitigte und was ihr entgegengesetzt werden kann, sind die über Einzelschicksale hinausgehenden Probleme, um die die Erzählung kreist. Das Beispielhafte, das der Titel reklamiert, beschränkt sich dabei nicht auf die Person des Bruders. Es gilt vielmehr für die gesamte Herkunftsfamilie des Erzählers und somit auch für ihn selbst. Als dezidiert *deutsche Familiengeschichte im 20. Jahrhundert* bietet die Erzählung AM BEISPIEL MEINES BRUDERS vielfältigen Anlass zur genealogischen Reflexion über uns und unsere geschichtliche Herkunft.

3 Struktur, Sprache, Kontexte

3.1 Zur Gattungsfrage

Über AM BEISPIEL MEINES BRUDERS schrieb unmittelbar nach seinem Erscheinen, im Herbst 2003, die *Frankfurter Allgemeine Zeitung*: Man legt dieses Buch nach der Lektüre mit dem seltenen Gefühl aus der Hand, einen künftigen Klassiker seines Genres gelesen zu haben.[71]

Die Frage nach der formalen Besonderheit dieses Genres hat UWE TIMM selbst im Rahmen eines Rundfunkinterviews mit Wolfgang Niess beantwortet. Es handelt sich um **autobiographische Literatur mit essayistischen Exkursen**,[72] ein gezielt arrangiertes und montiertes Erinnerungspuzzle, in dem sich das Erinnern immer wieder selbst reflektiert. Dass man die Erzählung weder als Sachbuch noch als Roman bezeichnen kann,[73] ist evident. So betont UWE TIMM in einem Interview, dass er sich nicht habe vorstellen können, [s]eine **Eltern zu fiktionalisieren** und es ihm darauf angekommen sei, strikt zu trennen zwischen **Fiktionen und dem, was wirklich war**.[74] Seine eigene gattungstypologische Einordnung der Erzählung lässt sich aus Sicht der neueren Autobiografieforschung im Wesentlichen bestätigen und präzisieren. Für Philippe Lejeune ist eine Autobiografie dadurch gekennzeichnet, dass eine wirkliche Person rückblickend über ihr eigenes Dasein berichtet und dabei den Hauptakzent auf die Darstellung ihres eigenen, individuellen Lebens legt.[75] Legt man diese Definition zugrunde, so handelt es sich bei TIMMS Text nicht um eine Autobiografie im strengen Sinne. Denn von einer nachweisbaren Identität von Autor, Erzähler und Hauptfigur[76] kann hier nicht ohne Weiteres die Rede sein. Zwar weist der Erzähler auf die Bedeutung seines Schreibens für den Versuch der Selbstfindung hin (vgl. 18), eine Aussage, die auch der Autor TIMM in einem Interview trifft.[77] Doch kann man ihn ebenso wenig als alleinigen Protagonisten bezeichnen wie den Bruder, über dessen Leben ihm nur wenige und keineswegs zuverlässige Informationen zur Verfügung stehen. Es handelt sich um den besonderen Fall eines in der ersten Person verfassten Zeugenberichts[78], in dem der Erzähler nicht mit der Hauptfigur identisch ist, der aber insofern dem **Code des autobiographischen Schreibens**[79] verhaftet bleibt, als die eigene Familie, also ein Ensemble von Hauptfiguren, im Mittelpunkt der Recherche steht.

Aus diesem Grund kann man von einem **autobiographischen Randtext**[80] oder von einer **Alloautobiographie**[81] sprechen, in der die Geschichte der anderen Familienmitglieder, insbesondere die des Bruders und des

Vaters, und die Darstellung ihrer Beziehungen eine ebenso bedeutende Rolle spielen wie die Geschichte des Autors selbst. Wenn **Identität [...] der Leitwert der autobiographischen Schriften im 20. Jahrhundert [ist]**,[82] so trifft das auf TIMMS Erzählung in doppelt modifizierter Form zu: Einerseits geht es um Identitäten im Plural, andererseits um eine Sinnfindung, die unabgeschlossen bleiben muss.[83] Während der Autor-Erzähler für sich selbst die Chance sieht, sich seinen Familienmitgliedern **schreibend anzunähern** (18), bleibt ihm in Bezug auf seine verstorbenen Familienmitglieder nur die Frage nach anderen, ungelebten Lebensmöglichkeiten. Freilich muss diese Frage in der Erzählung letztlich unbeantwortet bleiben.

Wenn die neuere Forschung den **Konstruktcharakter** autobiografischer Texte betont,[84] so trifft dies auf UWE TIMMS Schreiben nicht nur zu, sondern dieser Konstruktcharakter wird von ihm auch reflektiert. Zum einen kann sich der Autor, in dessen Familie die Erinnerung an den Bruder als **atmosphärischer Druck** und gleichzeitig als **Erziehungsdruck** präsent war,[85] dem Gegenstand seines Schreibens nicht aus einer neutralen Position heraus nähern. Stattdessen muss er sich ständig mit der **Gefahr, glättend zu erzählen** (36) auseinandersetzen. Ein solches Erzählen würde bedeuten, ein komplexes, letztlich nicht fassbares Bedingungsgefüge in einfache **Kausalketten** aufzulösen (vgl. 36).

Zum anderen ist er auf Medien der Erinnerung angewiesen, die nicht für sich sprechen, sondern ihrerseits interpretationsbedürftig sind. Neben den eigenen Erinnerungen und Träumen sind das die wenigen Familienfotos, die Erzählungen der Eltern und der Schwester, historische Dokumente und Forschungsergebnisse sowie die Aufzeichnungen des Bruders, um die die Fragen des Erzählers immer wieder kreisen.

3.2 Die erzählte Zeit

Obwohl die im Herbst 2003 erschienene Erzählung schwerpunktmäßig von der Geschichte einer deutschen Familie während der vierziger und fünfziger Jahre des vergangenen Jahrhunderts handelt, umfasst die erzählte Zeit doch insgesamt einen Zeitraum von etwa 100 Jahren. Man kann sagen, dass deren äußerer Rahmen mit der Geburt der Vaters Hans Timm, also am 5. November 1899, einsetzt (vgl. 152) und zu Beginn des neuen Jahrtausends endet. So berichtet UWE TIMM, ohne eine Jahreszahl zu nennen, von einem 6. März, an dem er beim morgendlichen Joggen im Englischen Garten seines Wohnortes München nach wochenlangem Aufschub endlich die Gewissheit erlangt, über seine Mutter schreiben zu können (vgl. 108). Nimmt man die Information des Autors hinzu, er habe **zwei Jahre ausschließlich an diesem schmalen Buch gearbeitet**,[86] so kann man davon ausgehen, dass es sich hier vermutlich um das Jahr 2001 oder 2002 handelt.

Die erzählte Zeit im Überblick

Datum	Familienchronologie	Im Text erwähnte geschichtliche Daten bzw. Ereignisse**
November 1899	*Vater Hans Timm (20)	
1902	*Mutter (115)	
1910–1911	Vater zieht zu seinem Onkel nach Coburg (151)	
(1914–1918)		[1. Weltkrieg]
1919	Vater kämpft in einem Freikorps gegen die **Bolschewisten** (20)/Möglicherweise Mitgliedschaft des Vaters in der **Organisation Consul** (41)	
1921	Vater versucht, eine Spielwarenfabrik aufzubauen, und scheitert (42)	
ca. 1921	Eltern lernen sich kennen; Eheschließung der Eltern (42)	
1922	*Schwester Hanne Lore (47)	
1924	*Bruder Karl-Heinz Timm (12)	
1929	Vater eröffnet ein Geschäft für Tierpräparationen in Hamburg (61)	
(1939)		[Beginn des 2. Weltkriegs/ Gründung der SS-Totenkopfdivision (13)]
30. 4. 1940	*Uwe Timm	
Dezember 1942	Bruder tritt in die Totenkopfdivision der Waffen-SS ein (11)	
14. 2. 1943	Beginn der Tagebucheintragungen des Bruders (14)	
Sommer 1943	Heimaturlaub des Bruders Uwe Timms einzige Erinnerung an ihn (7)	
5. 7. 1943		Beginn der Schlacht bei Kursk (94)
25. 7. 1943	Haus in Hamburg wird ausgebombt, danach Evakuierung von Uwe und seiner Mutter nach Coburg (35)	

19.9.1943	Schwere Verwundung des Bruders (30)	
zwischen 7.8. und 19.9.1943	Letzte Tagebucheintragung des Bruders (120)	
16.10.1943	† Bruder Karl-Heinz Timm	
1944	Verlobter der Schwester gerät in russische Kriegsgefangenschaft (49)	
23.4.1945		Kriegsende/amerikanische Soldaten rücken in Hamburg ein (23)
1946	Die Familie Timm trifft sich in Hamburg, der Vater findet eine Pelzwebmaschine. Sie wohnen in einem Keller. Der Vater gründet ein Pelzmantelgeschäft (69)	
1948	Umzug in eine Einzimmer-Wohnung (71)	
1951	Umzug in eine Wohnung mit 3 Zimmern und einem Ladenlokal mit Werkstatt (71)	
1951	Die Schwester erhält die Nachricht, dass ihr Verlobter in russischer Kriegsgefangenschaft gestorben sei (49)	
Anfang der 50er-Jahre		Demonstration gegen Wiederbewaffnung in Hamburg (129) [1956: Einführung der allgemeinen Wehrpflicht in der Bundesrepublik Deutschland]
1952	Vorübergehender wirtschaftlicher Aufstieg der Familie: Chauffeur Massa wird eingestellt. Zwei Kürschner und sechs Näherinnen arbeiten im Geschäft (75)	
1954	Vater bekommt finanzielle Schwierigkeiten (79)	
1956	Erster Herzinfarkt des Vaters (83)	
1.9.1958	† Vater Hans Timm (8, 151)	

1968		Studentenrevolte und antiautoritäre Bewegung in der Bundesrepublik Deutschland (66)
70er-Jahre	Engagement Uwe Timms in der DKP (weder der Name der Partei noch die Dauer der Mitgliedschaft werden im Text explizit erwähnt) (146 f.)	
1976	Reise der Mutter nach Russland, in der Hoffnung, das Grab ihres erstgeborenen Sohnes zu finden (26)	
1980	Mutter gibt das Geschäft auf (46)	
1991	† Mutter Timm (115)	
1994	Schwester lernt ihre große Liebe, den Hausarzt der Familie, kennen (139)	
1996	† Schwester Hanne Lore Timm (140)	
2001/2002	Arbeit Uwe Timms an der Erzählung/Reise in die Ukraine	
2003	Veröffentlichung der Erzählung AM BEISPIEL MEINES BRUDERS	

** Im Text nicht explizit erwähnte Ereignisse, die im Zusammenhang mit der Handlung von Bedeutung sind, sind in eckige Klammern gesetzt.

Der Handlungskern der Erzählung wird durch zwei andere Ereignisse markiert: den Tag im Dezember 1942, an dem Uwes Bruder Karl-Heinz sich freiwillig zur Waffen-SS meldet (vgl. 11 f.), und den 1. September 1958, den Todestag des Vaters Hans Timm (151); wohl nicht zufällig wird das erste Datum ganz zu Beginn der Erzählung erwähnt, das zweite an deren Ende. Dafür spricht zum einen die lebensgeschichtliche Gebundenheit des Erzählers an diese beiden anderen männlichen Mitglieder seiner Familie, deren Vornamen in seinem eigenen ›aufgehoben‹ sind, was ihm immer dann bewusst wird, wenn er **an Grenzen** kommt und seinen vollen Vornamen **in die vorgeschriebenen Kästchen** eintragen muss (19). Zum anderen stehen die beiden Ereignisse für den Beginn und das mögliche Ende eines Familiendesasters unter umgekehrten Vorzeichen, da hier nicht wie in vielen anderen Werken der literarischen Tradition der Sohn gegen die Ordnung des

Vaters verstößt,[87] sondern gerade an deren Einhaltung scheitert. Dabei hat der SS-Beitritt des Bruders seine Ursache in früheren Ereignissen, nicht zuletzt in seiner Erziehung. Er ist zwar nicht alleiniger Grund für die weiteren familiengeschichtlichen Ereignisse, aber doch unmittelbarer Auslöser einer aus Sicht der Familie schwierigen Entwicklung, die letztlich das wirtschaftliche und persönliche Scheitern und den Tod des Vaters mitbedingt. Dieser Tod wiederum markiert für den Erzähler, der danach das Geschäft übernimmt, mit Mutter und Schwester an dessen Entschuldung arbeitet und anschließend das Braunschweig-Kolleg zur Erlangung der Hochschulreife besuchen kann (vgl. 153), den Beginn eines neuen Lebensabschnittes, in dem es ihm möglich ist, an der Verwirklichung seiner eigentlichen beruflichen Wünsche zu arbeiten: **schreiben, lesen** (39). Letzteres schließlich ist die Voraussetzung dafür, dass das Projekt der Erzählung überhaupt realisiert werden kann.

3.3 Die Montagetechnik

Über die Bedeutung der Montagetechnik für sein Schreiben hat sich UWE TIMM in *ERZÄHLEN UND KEIN ENDE* geäußert. Literatur wird dort in Gegensatz gebracht zur ›Normalität‹ eines Sprechens, **das sich nicht reflektiert und damit tendenziell der Überflutung durch medialen Bildmüll**[88] ausgesetzt ist. Sofern sie nicht trivial sei, bringe die Literatur den Leser in Distanz zur Sprache, irritiere durch experimentellen Umgang mit ihr das selbstverständliche Sprechen: **Durch Kombination kann eine neue Konnotation erreicht werden, winzige Sinnerweiterungen, auch Sinnverwirrung [...].**[89] Somit geht es um Widerstand gegen normale Rede- und Denkmuster, gegen ein **glättend[es]** Erzählen (36), das Widersprüche einebnet.[90]

In *AM BEISPIEL MEINES BRUDERS* spielt TIMM symbolisch auf diese Strategie des Schreibens an, wenn er auf die sprachgeschichtliche Herkunft des plattdeutschen Verbs **tünen** verweist, einer pejorativen Bezeichnung für sein eigenes Verhalten, die er als Kind oft zu hören bekommt (vgl. 56). Was das Kind, der Jugendliche dabei tut – die Erwachsenen verwenden das Wort im Sinne von **lügen, flunkern** (56) – bezeichnet in seiner ursprünglichen Bedeutung **flechten** genau das, was er als Erzähler dieses autobiografischen Textes versucht, wenn in der oben beschriebenen Weise Textelemente zu einem fragmentarischen Ganzen verknüpft: ein Zusammenflechten von Gehörtem und Gesehenen, um sich selbst und den Dingen eine ganz eigene Bedeutung zu geben. (56)

Indirekt greift TIMM hier die im Kontext poststrukturalistischer Literaturtheorie gängige Metapher vom Text als **Gewebe**[91] auf, als offenes Ganzes, dessen Sinn fließend ist und sich aus der Kombination seiner einzelnen Elemente ergibt. Dass er sich in anderem Zusammenhang auf den Sprachbegriff des späten Roland Barthes' bezieht[92], bei dem diese Auffassung des literarischen Textes als einer offenen Struktur ohne (Sinn-)Zentrum ebenso vorherrscht wie bei Foucault, Deleuze oder Derrida,[93] dürfte kein Zufall sein. Entscheidend ist für Timm dabei das Festhalten an einem Konzept realistischen Schreibens.[94] Dabei soll die fragmentarische Schreibweise der Inkohärenz der Bewusstseinsinhalte und der Performanz alltäglicher Rede entsprechen.[95]

Was das Kompositionsverfahren in AM BEISPIEL MEINES BRUDERS betrifft, so ist zunächst die achronologische Erzählweise hervorzuheben. Weniger der Ablauf der Ereignisse, dafür umso mehr die Assoziationen und Reflexionen des Erzählers, der heterogene Textfragmente kombiniert, bestimmen die Reihenfolge des Erzählten.[96] Dabei simuliert das Erzählen den assoziativen, unberechenbaren Verlauf der Erinnerung selbst, für die Uwe Johnson in seinem epochalen Roman JAHRESTAGE das Bild der **Katze Erinnerung** geprägt hat, die – **unabhängig, unbestechlich, ungehorsam** – ebenso ungerufen kommen wie sich unaufgefordert entziehen kann.[97]

Komplexer als die Frage, *was* in Timms Erzählung montiert wird – es sind eigene Erinnerungen und Reflexionen, Aufzeichnungen und Briefe des Bruders, Erzählungen Dritter, historisches Quellenmaterial und Rekurse auf den literarischen und nicht literarischen Erinnerungsdiskurs – ist die Frage nach dem *Wie* und nach dessen Effekten. Auch wenn der Erzähler das familiäre und historische Geschehen aus der Distanz mehrerer Jahrzehnte immer wieder kommentiert und reflektiert, enthält der Text doch genügend Unausgedeutetes, Widersprüchliches, um die Kombinations-, Deutungs- und Reflexionsarbeit des Lesers herauszufordern. Assoziative *Korrespondenzen* zwischen Textstellen, die nicht unmittelbar aufeinanderfolgen, werden beispielsweise durch das kontrastive Einblenden von Bildern hergestellt, die strukturell aufeinander verweisen. So beginnt die Erzählung mit dem Bild der **blonden Haar[e]** des Bruders, die sich dem Erzähler als pars pro toto seiner äußeren Erscheinung einprägen (vgl. 7) und endet mit dem Blick auf **ein kleines Pappkästchen**, in dem die Mutter die wenigen Habseligkeiten des Bruders aufbewahrt hat und in dem auch ein Kamm enthalten ist: **Und an diesem Kamm ist das, was von seinem Körper blieb, ein paar blonde Haare.** (155)

Die Erzählung über die Schwester setzt mit dem Blick auf ein Foto ein, auf dem sie als Kind neben ihrem Vater und ihrem zwei Jahre jüngeren Bruder Karl-Heinz abgebildet ist. Während der Vater den Jungen auf dem Schoß hat, bleibt sie **unbeachtet daneben** (17). Der letzte Absatz über die Schwester, der sich über 120 Seiten danach findet, endet wiederum mit dem Blick auf ein Bild, das ihr späterer Lebensgefährte wenige Jahre vor ihrem Tod während eines gemeinsamen Urlaubs auf Sylt aufgenommen hat:

die Haare im Wind, mit einem kühnen Lächeln, [...], nicht vergleichbar mit der Schwester, die ich bis dahin gekannt und mit den Augen des Vaters gesehen habe. (140) In beiden Fällen verweist der Kontrast auf die Opposition zwischen gelebtem und ungelebtem Leben, auf die Gewaltverhältnisse, die ein selbst bestimmtes Leben der Geschwister des Erzählers verhindert haben. Um diese und andere Korrespondenzen zu entdecken, ist es **hilfreich, Abschnitte, Textteile, Zitate in andere Bereiche des [...]Textes zu schieben, um sie dort, parallel lesend, auf ihre Stimmigkeit zum Kontext prüfen zu können.**[98] – eine Aussage, die Uwe Timm in anderem Zusammenhang über den Prozess des Schreibens macht, die aber ebenso als Hinweis für die Lektüre dieser Erzählung gelten kann.

Eine vergleichbare Funktion wie die beschriebenen Korrespondenzen haben die harten *Schnitte* zwischen zwei aufeinanderfolgenden Textblöcken, die etwa in unmittelbarer Abfolge den Bruder als Täter und als Kind zeigen (vgl. 17), die den Wunsch der Mutter, das Grab des Bruders zu besuchen, mit dem Bild des Jungen kontrastieren, **der sich so sehnlich Stiefel wünschte** (26), oder die die Beschreibung des Bildes der Schauspielerin Hannelore Schroth (vgl. Mat. 4), das sich im Nachlass des Bruders findet (**ein sanftes rundes Gesicht,** 29), direkt neben die Nachricht von seiner schweren Verletzung stellen (**Nun will ich auch dir** [der Mutter; C.K.] **schreiben, dass man mir beide Beine abgenommen hat,** 29). Auch die Verbindung zwischen dem Erzähler und seinem Bruder wird durch die *Kombination* von Erinnerungen des Erzählers an seine eigene Jugend mit Reflexionen über den Bruder angedeutet. So folgt einer Passage über die Ausflüge des pubertierenden Uwe nach Sankt Pauli, in der er seiner erotischen Neugierde folgt (vgl. 27 f.), das Konstatieren einer entsprechenden Leerstelle im Wissen über den Bruder: **Kein Traum ist in dem Tagebuch erwähnt, kein Geheimnis. Hatte der Bruder eine Freundin? War er schon einmal mit einer Frau zusammen?** (28)

Schließlich ist das *Einblenden* von *Erzählerberichten über historische Forschungen oder Veröffentlichungen von Tätern und Opfern* zu nennen. Der Bericht über Christopher C. Brownings Buch *Ganz normale Männer*, gekoppelt mit Zitaten aus dem Armeebefehl des Generaloberst von Manstein, in dem die »Ausrottung« des **jüdisch-bolschewistische[n] System[s]** (101) angeordnet wird, mündet in die Frage nach einer möglichen Beteiligung des Bruders an der Ermordung von Zivilisten. Einem Brief des Bruders an die **liebe Mutsch** folgt die Aussage Primo Levis über die **tiefe Verlassenheit** jüdischer KZ-Häftlinge, die keinerlei Möglichkeit hatten, Kontakt zu Freunden oder Verwandten aufzunehmen (102). Zusammenfassend kann man sagen, dass die verschiedenen Varianten der Montagetechnik Timms eine gemeinsame Funktion haben: die **Destruktion eingefahrener Sprachabläufe.**[99]

3.4 Die Erzählperspektive

Die Vielfalt der Konnotationen, die Timms Montageverfahren evoziert, kann hier nicht rekonstruiert werden. Allgemein lässt sich festhalten, dass eine produktive Spannung zwischen den unterschiedlichen Textfragmenten besteht, die der Autor zu einem Konglomerat der Erinnerung verbunden hat. Dabei ist die Frage nach dem Erzähler als narrativer Instanz – im Unterschied zum Erzähler als Person innerhalb der Erzählung[100] – hier anders zu stellen als beispielsweise in einem Roman. Denn es ist evident, dass man es im Sinne der bekannten Typologie Stanzels mit einer Ich-Erzählsituation zu tun hat, in der der Erzähler **im Seinsbereich der Figuren […] aus der begrenzten Perspektive des selbst am Geschehen Beteiligten** spricht und dabei **als eigenständige Bewusstseinsinstanz identifizierbar** ist.[101] Interessanter als diese Feststellung ist aber die Frage nach dem Verhältnis, das der Erzähler zu seinen Figuren unterhält, die ja als reale Personen Mitglieder seiner eigenen Familie waren. Denn als die Lebensgeschichten seiner Familienmitglieder kommentierender Ich-Erzähler hat er vielfältige Möglichkeiten. So kann er seine Gefühle diesen gegenüber mehr oder weniger zum Ausdruck bringen, seinen eigenen Standpunkt absolut setzen oder im Vergleich zu anderen Standpunkten relativieren. Nicht nur die Wahl unterschiedlicher Selbstbezeichnungen – **das Kind** (z. B. 21), **der Junge** (z. B. 32), **ich** (z. B. 7) –, sondern auch die häufige Benutzung des distanzierenden bestimmtem Artikels – **der Bruder** (z. B. 8), **die Schwester** (z. B. 17) usw. – anstelle des umgangssprachlich üblichen Possessivpronomens **mein[es] Bruder[s]** (vgl. den Titel der Erzählung) deuten auf das Bemühen des Erzählers hin, eine Balance zwischen Nähe und Distanz zu finden, die den Personen gerecht werden kann.

Seine Stimme ist dabei eine unter vielen, die zwar alle zitierten Dokumente und Medien reflektiert, die nach Antworten und Lösungen sucht, diese aber aufgrund der Begrenztheit ihrer Perspektive allenfalls in Ansätzen finden kann. In einem bereits 1995 erschienenen instruktiven Aufsatz zum damals vorliegenden Werk Uwe Timms hat Keith Bullivant von einem **polyphonen Erzählstil** des Autors gesprochen, der den Leser in einen **Erkundungsprozess** einbeziehe.[102] Ein solcher Stil lässt sich auch in dem autobiografischen Text *Am Beispiel meines Bruders* nachweisen. Neben seine eigene Perspektive treten nicht nur die Sichtweisen der anderen Personen, sondern auch literarische und wissenschaftliche Diskurse. Dennoch führt dies nicht zu einem beliebigen Nebeneinander der Positionen. Im Gegenteil: Von seiner Möglichkeit, das Geschehen und die Personen zu bewerten, macht der Erzähler ausgiebig Gebrauch. Gerade weil er sich reflexiv zu den Dokumenten verhält, sie kommentiert, kombiniert und somit mit Bedeutung auflädt, bleibt er **subjektiv in seiner kritischen und um Ob-**

jektivität bemühten Annäherung.[103] Diese Subjektivität zeigt sich daran, dass er einerseits nach den Widersprüchen im Leben seiner Familienmitglieder fragt, andererseits aber immer wieder die Beziehung zwischen ihren Geschichten und seiner eigenen thematisiert. Damit enthalten insbesondere die Passagen über seinen Bruder ein selbstreflexives Moment.[104]

Solche Reflexion gilt nicht nur dem Erzähler als in die Familiengeschichte involvierter Person (vgl. Kap. 4.5), sondern auch seiner Rolle als narrative Instanz. Thematisiert werden dabei die Voraussetzungen und Schwierigkeiten des Erzählens. So ist zu Beginn die Rede vom jahrelangen Aufschub des Erzählvorhabens. Neben der Rücksichtnahme auf die Mutter und die Schwester (vgl. 9 f.) ist es **ein ängstliches Zurückweichen** (9) vor dem grauenhaften Inhalt, der den Erzähler von seinem Projekt abhält. Die Bereitschaft, sich diesem zu stellen – das zeigt der Vergleich mit dem Märchen vom Ritter Blaubart und der Weigerung des Kindes, den Schluss zu hören (vgl. 9) – setzt neben der Freiheit, **alle Fragen stellen zu können, auf nichts und niemand Rücksicht nehmen zu müssen** (10), einen Reifungsprozess voraus, an dessen Ende die Bereitschaft steht, sich mit dem Grauen auseinanderzusetzen. Auch wenn der Erzähler sich die **Gefahr** vor Augen hält, **glättend zu erzählen** (36), reflektiert er seine narrative Position. Hierzu – und dabei lässt sich zwischen *Person* und *narrativer Instanz* kaum trennen – gehört auch die Einsicht in den Fortbestand totalitären Denkens über 1945 hinaus und in sein eigenes (mögliches) Involviertsein in ein solches Denken. Die Auseinandersetzung mit seiner früheren Mitgliedschaft in der *Partei*, aus der er trotz besserer **Einsicht und Überzeugung** mit dem Gefühl ausgetreten ist, **einen Verrat zu begehen** (147), ist ebenso ein Zeichen dafür wie sein Eingeständnis, nicht zu wissen, wie er als Angehöriger der Generation seines Bruders gehandelt hätte.[105]

Entgegengesetzt wird dem Wissen um die Kontinuität von Gewaltverhältnissen ein utopisches Moment, das bereits für das frühere literarische Werk Timms charakteristisch ist.[106] Es gründet in der Hoffnung auf die Möglichkeit moralischer Autonomie, **Nein zu sagen, auch gegen den Druck des sozialen Kollektivs** (147), verbunden mit dem Wunsch, auch der Bruder könnte von dieser Möglichkeit Gebrauch gemacht haben (vgl. 148). Indem die Erzählung auf die Formulierung dieser Utopie hinarbeitet, schafft der Erzähler ein Gegengewicht zum **Gestus des Fragmentarischen, Fragenden, Suchenden,**[107] der in ihr vorherrscht.

3.5 Sprachreflexion und -kritik in der Erzählung

Dass ein Zusammenhang zwischen Sprache und Macht besteht, ist eine Erfahrung, die der Erzähler bereits in seiner frühen Kindheit macht. Am 23. April 1945, dem Tag des Einrückens amerikanischer Truppen in Hamburg, wird dem Fünfjährigen mit einem Mal verboten, das zu tun, **was ich doch eben erst gelernt hatte: die Hacken zusammenzuschlagen. Und Heil Hitler zu sagen.** (23) Dem **Totschweigen der Elterngeneration, das zur Gewohnheit gewordene Feigheit** ist (129), steht eine **Schreibsucht, eine Lesesucht** (39) aufseiten des Jugendlichen gegenüber. Weil das Tabu die gemeinsame Reflexion über Sprache ersetzt, muss er schon als Kind **eigene Worte finden, Widerworte, das Fragen und Nachfragen. Und Worte, mit denen sich Traurigkeit und Angst ausdrücken ließen – im Erzählen.** (56) Erzählen begreift sich hier, indem es sich als Antwort auf eine in der eigenen Biografie begründete Notlage beschreibt, als Reflexion, die auf einen Zustand der Reflexionslosigkeit reagiert.

Gerade der reflexionslose Umgang mit Sprache in der Nachkriegszeit wird in der Erzählung immer wieder thematisiert. Denn das Sprachverbot, mit dem der Fünfjährige belegt wird, steht für einen Tabuisierungs- und Verdrängungsprozess, der paradoxerweise die Kontinuität der Sprache der Täter ermöglicht. War es bei diesen **die angelernte Sprache, die das Töten erleichtert** (91), indem sie mit Begriffen wie *Untermenschen* (91, 97) oder *Ausrottung* (95, vgl. auch 101) operierte und damit das eigene Verbrechen **wie eine hygienische Maßnahme** (91) erscheinen ließ, so zeigt sich die **Verrohung und Verdrängung in der Sprache der Nachkriegsära** (96) in der unhinterfragten Weiterverwendung von Nazi-Vokabular: *Gefrierfleischorden, Hitlersäge, Heimatschuß:* **Das sind einige Worte, die mich in meiner Kindheit begleitet haben […].** (96)[108] Was vor 1945 **der** *normale* **Blick auf den Kriegsalltag** ist (91, vgl. auch 98), setzt sich danach in der ›Normalität‹ von Gewalt (vgl. 145 f.) und im Überleben einer Gewalt verharmlosenden Sprache fort.

Dem mangelnden Bewusstsein dafür, **daß auch die Sprache, die deutsche, ihre** *Un-schuld* **verloren hat** (97), korrespondiert die formelhafte Verwendung von Wörtern und Sätzen, die die eigene Schuld relativieren oder leugnen sollen: *Davon haben wir nichts gewusst. Die anständige Luftwaffe. Die anständige Marine. Die anständige Wehrmacht. Die anständige Waffen-SS* (98). Kehrseite dieser sich ständig wiederholenden Erzählungen ist ein **Verschweigen** (99), **etwas Sprachloses** (99), das den Erzähler als Jugendlichen abstößt:

> Das Geschehen verschwand in den Stereotypen: Hitler, der Verbrecher. Die Sprache wurde nicht nur von den Tätern öffentlich mißbraucht, sondern auch von denen, die von sich selbst sagten, *wir sind noch einmal davongekommen.* Sie erschlichen sich so eine Opferrolle. (103)[109]

Wird die Wiederholung hier als Vermeidungsstrategie beschrieben, so ist sie in der Erzählung ein Mittel, um das Gewaltpotenzial und die Inhumanität der Tätersprache zu verdeutlichen: So wird in einem kurzen Textabschnitt, der von der **lapidaren Todesnachricht – *müssen Ihnen heute leider den Heldentod ihres Sohnes mitteilen*** (73) – berichtet, die die Familie Timm im Herbst 1943 erreicht und in der davon die Rede ist, dass die Kompanie des Bruders **aufgelöst** worden sei, dreimal das Wort *verheizt* zitiert, ein Wort, das es auch **in der Sprache der Täter, auch für die eigenen Leute,** gab. (73) Ebenso wird etwa ein Satz des Generals von Manstein über die ›Ausrottung‹ des *jüdisch-bolschewistischen Systems* (101), werden Sätze aus dem Tagebuch des Bruders, den Erzählungen der Eltern oder dem Spracharsenal deutscher Kriegs- und Nachkriegsideologie durch Kursivdruck und Wiederholung doppelt markiert und dem Leser zur Reflexion regelrecht angeboten: *Endlösung der Judenfrage.* Endlösung. Ein Wort, das für immer geächtet bleiben wird. (97)

3.6 Zur Funktion von Zitaten und essayistischen Passagen: die Erzählung als Interdiskurs

In der Begrifflichkeit neuerer Literaturtheorie ist die von TIMM betriebene Verwendung von Wissenselementen aus unterschiedlichen Diskursen charakteristisch für ein Verfahren, das man als *interdiskursiv* bezeichnen kann. Danach ist es ein besonderes Merkmal literarischer Texte, dass sie solche Elemente integrieren und subjektiver Applikation zugänglich machen.[110] Dabei stützt sich TIMMS Erzählung nicht nur auf wissenschaftliche und philosophische (Wette, Browning, Kierkegaard), sondern ebenso auf literarische Texte (Grimm, Levi, Amery, Jünger), biografische Aussagen (von Manstein, Nogi) sowie auf historisches Quellenmaterial.

Anders als in vielen belletristischen Werken werden diese Quellen in *AM BEISPIEL MEINES BRUDERS* mehr oder weniger explizit benannt. Die essayistischen Passagen der Erzählung sowie die Zitate aus historischen Dokumenten (vgl. den rechts stehenden Schaukasten) verweisen auf den Zusammenhang, der zwischen der Geschichte der Familie Timm und den gesellschaftlichen Diskursen der erzählten Zeit besteht.

Auf diese Weise wird deutlich, dass die Biografie des Bruders, dass die gesamte Familiengeschichte exemplarischen Charakter hat (vgl. den Titel *AM BEISPIEL MEINES BRUDERS*). Dabei steht der Hinweis auf das *BLAUBART*-Märchen der Gebrüder Grimm (vgl. Mat. 12), das nur in der Erstausgabe von 1812/15 enthalten ist und dessen Lektüre die Mutter des Erzählers vor der Grauen erregenden Beschreibung des geheimen Zimmers abbrechen muss, für das Aufschieben eines Tabubruchs: Der unheimliche Inhalt des verbotenen Zimmers symbolisiert die verdrängte Gewalt **im eigenen Haus.** Wie sich das Kind davor fürchtet, dieses Märchen weiter zu hören, so graut sich später der Jugendliche und junge Erwachsene davor,

In der Erzählung erwähnte Literatur bzw. Medien

Gebrüder Grimm, Blaubart. In: Grimm, Jacob und Wilhelm: Kinder- und Hausmärchen (1812/15). Digitale Bibliothek Band 80: Deutsche Märchen und Sagen. Hrsg. von Hans-Jörg Uther, S. 285–289 (im Text zitiert auf S. 9).

Johannes Hürter: Ein deutscher General an der Ostfront. Die Briefe und Tagebücher des Gotthard Heinrich 1941/42. Erfurt: Sutton Verlag 2001 (im Text zitiert auf S. 25 f.).

Heinrich Himmler: Ansprache in Stettin, 13. 7. 1941. Vgl. dazu: Bradley F. Smith/Agnes F. Peterson, HEINRICH HIMMLERS GEHEIMREDEN 1933 BIS 1945, Frankfurt/Berlin/Wien 1974 (im Text zitiert auf S. 33 f.).

Jean Amery: Auschwitz – An der Grenze des Geistes. In: Spiegelungen unserer Zeit. Mainz: Kraußkopf-Verlag 1965, S. 154–169. Unter dem Titel AN DEN GRENZEN DES GEISTES gibt es ein Hörbuch: Stuttgart: Klett-Cotta 1988 (im Text als AN DEN GRENZEN DES GEISTES auf S. 59 f. zitiert).

Lee Miller: The Evil. Copyright: Lee Miller Archives (Hinweis auf ein Foto aus Dachau nach der Befreiung durch die Amerikaner im Text auf S. 60).

Galland, Adolf: Die Ersten und die Letzten – Jagdflieger im zweiten Weltkrieg. München: Heyne 1961 (vergriffen). Neuauflage bei Schneekluth 1993 (im Text erwähnt auf S. 94).

Guderian, Heinz: Erinnerungen eines Soldaten. Stuttgart: Motorbuch-Verlag, 18. Auflage 2003 (im Text erwähnt auf S. 94).

v. Manstein, Erich: Verlorene Siege. Bonn: Verlag Bernard und Graefe, 17. Auflage 2004 (Im Text erwähnt auf S. 94 und 101).

Browning, Christoper R.: Ganz normale Männer. Das Reserve-Polizeibataillon 101 und die ›Endlösung‹ in Polen. Reinbek bei Hamburg: Rowohlt Taschenbuch-Verlag, 6. Auflage 2005 (im Text erwähnt auf S. 100 f.).

Levi, Primo: Die Untergegangen und die Geretteten. München: Hanser, 5. Auflage 2002 (im Buch zitiert auf S. 102 f.).

Wette, Wolfram: Die Wehrmacht. Feindbilder – Vernichtungskrieg – Legenden. Frankfurt a. M.: S. Fischer 2002 (im Buch erwähnt auf S. 142).

Kierkegaard, Søren: Entweder – Oder. München: dtv 2005 (im Buch zitiert auf S. 143).

Ernst Jünger: In Stahlgewittern. Stuttgart: Klett-Cotta, 43. Auflage 2003 (im Buch erwähnt auf S. 149).

Hinweise auf weitere Autoren:

Otto von Ohlendorf (58), Jorge Semprun, Imre Kertész (143), General Nogi (148) das Tagebuch seines Bruders zu Ende zu lesen. Anders als im Märchen, in dem die Protagonistin am Ende von ihren drei Brüdern gerettet wird, kann der Erzähler durch seinen Entschluss, das Tabu zu brechen, den Zugriff der Gewalt auf die eigene Familie jedoch weder verhindern noch rückgängig machen. Und anders als im Märchen ist seine Familie hier aktiv in Unrecht und Gewalt verstrickt.

Die übrigen Verweise bzw. essayistischen Passagen ergänzen sich insofern, als hier Täter- und Opferperspektive konsequent gegenübergestellt werden. Stehen insbesondere die Aussagen Himmlers und von Mansteins, in denen sich ein rassistischer Vernichtungswille artikuliert, für erstere, so die Verweise auf Jean Améry und Primo Levi, die die Nichtigkeit von Kultur und Bildung angesichts der Realität der Lager und die **tiefe Verlassenheit** (102) der dort Internierten thematisieren, für letztere. Die Rekurse auf Browning, Wette und das Kierkegaard-Zitat thematisieren die Möglichkeit von Befehlsverweigerung und moralisch verantwortlichem Handeln. Die Hinweise auf den japanischen General Nogi, **der mit Zufriedenheit die Nachricht vom Tode seines Sohnes aufnahm** (148), und Ernst Jünger, für den *Todesmut, Pflicht, Opfer* noch *absolute* Werte sind (149), präsentieren ein entgegengesetztes Bewusstsein: Werte, **die auch die Todesfabriken hatten länger arbeiten lassen** (149). Wenngleich die Beobachtung zutrifft, dass T1mms Wechseln zwischen literarischem und essayistischem Erzählen dem Leser ein Pendeln zwischen imaginativem Nachvollzug und analytischer Distanz ermöglicht,[111] so erscheint die Rede von einer **neutrale[n] Lesart**[112] doch problematisch, da die Erzählung als ganze einer solchen Neutralität konsequent entgegenarbeitet. Timms Montagetechnik verbindet das Allgemeine konsequent mit dem Besonderen, Familiären und konfrontiert faktische Inhumanität ebenso gezielt mit der Möglichkeit von Humanität und einer Konversion des Subjekts:

> Die groteske Verachtung gegenüber den Offizieren und Soldaten, die im Widerstand waren, und die Verachtung für jene, die desertiert waren.
> *Es kommt darauf an, daß es einer wagt, ganz er selbst, ein einzelner Mensch, dieser bestimmte einzelne Mensch zu sein; allein vor Gott, allein in dieser ungeheuren Anstrengung und mit dieser ungeheuren Verantwortung.*
> Søren Kierkegaard (142 f.)

3.7 Historische Kontexte

Auf die historischen Kontexte, auf die die T1mm'sche Familiengeschichte verweist, wird in der Regel nicht nur angespielt, sondern sie werden konkret benannt. Dies erspart dem Leser eine penible Recherche über die historischen Ereignisse und Persönlichkeiten (bzw. *Unpersonen*), die im Text erwähnt werden. So enthält dieser recht genaue Informationen über die nationalsozialistische Herrenmenschen-Ideologie, über die Schlacht bei Kursk oder über weitere militärhistorische Ereignisse, die für den Handlungszusammenhang von Bedeutung sind. Dennoch setzt gerade diese Erzählung auf Leserseite Wissen über historische Kontexte voraus, das bei Jugendlichen nicht selbstverständlich angenommen werden kann. Drei dieser Kontexte sind dabei von zentraler Bedeutung.

3.7.1 Deutscher Nationalismus

Um insbesondere die Figur des Vaters und die Rolle zu erfassen, die er bei der Entscheidung des Bruders gespielt hat, sich freiwillig zur Waffen-SS zu melden, ist es notwendig, auf den Zusammenhang zwischen der SS-Ideologie und einem bereits in der Zeit der Weimarer Republik in Deutschland virulenten Nationalismus hinzuweisen. Bernd Wegner (vgl. Mat. 6) hat in seiner umfangreichen Untersuchung über die Geschichte der Waffen-SS deutlich gemacht, dass zwischen **neokonservativem Nationalismus** und dem **Grundmuster eines späteren SS-Nationalismus** eine klare Kontinuität bestand.[113] Die weltanschauliche Umorientierung von Teilen des deutschen Bürgertums nach dem Ersten Weltkrieg bewirkte, **die mentale Bereitschaft zur Bejahung auch der SS-Normen zu fördern.**[114] Zu den Charakteristika dieses Nationalismus gehört nach Wegner unter anderem die Abkehr von einem durch Staatsgrenzen definierten Begriff der Nation, gepaart mit der Vorstellung von einem biologisch-kulturell begründeten ›Recht des Stärkeren‹, das eine aggressive Expansionspolitik legitimieren sowie die Vorstellung von einer organisch gewachsenen ›Volksgemeinschaft‹ propagieren sollte, die es gegen jede Form partikularer oder individueller Willensbildung zu schützen gelte.[115]

Von Hans Timm, dem Vater des Erzählers, heißt es zwar, dass er **kein Nazi** gewesen sei (130), aber ebenso deutlich wird auf seine nationalistische Grundeinstellung hingewiesen. Dafür steht nicht nur die Tatsache, dass er in den ersten Jahren der Weimarer Republik der berüchtigten Femegruppe ›Organisation Consul‹ nahestand (vgl. 41), sondern auch sein Festhalten an einem deutschnationalen Wertesystem über 1945 hinaus. Dieses Festhalten wird durch seine Orientierung an Idealen wie **Tapferkeit** (vgl. 54), seine Ablehnung jeder Form von **Befehlsverweigerung** (vgl. 142), seinen dezidierten Antiamerikanismus (vgl. 66), seine offensichtliche Affinität zu deutschen Großmachtträumen, die sich in der Lektüre zweifelhafter geschichtlicher Werke wie der Biografie des Generals von Manstein äußert (vgl. 94), und schließlich seine Fixierung auf den Mythos des *tapferen* und *anständigen* **Soldaten**, einschließlich der *anständige[n]* **Waffen-SS** (98) dokumentiert.

3.7.2 *Wehrmacht und Waffen-SS*

Erst 50 Jahre nach Kriegsende entstand in Deutschland eine breitere öffentliche Diskussion über die Rolle der Wehrmacht im Zweiten Weltkrieg, in deren Verlauf das seit der Nachkriegszeit tradierte Bild einer ›sauber‹ gebliebenen Wehrmacht nachhaltig in Frage gestellt wurde.[116] Ausführlich dargestellt ist diese Rolle (einschließlich derjenigen der Waffen-SS)[117] in dem von Uwe Timm zitierten Buch *Die Wehrmacht* von Wolfram Wette, in dem der Autor nachweist, dass es zwischen Wehrmacht und Waffen-SS eine Aufgabenverteilung gab. Diese sah unter anderem vor, dass der Waffen-SS in den der deutschen Zivilverwaltung überstellten sowjetischen Gebieten – neben anderen Aufgaben – die systematische Tötung der Juden oblag.[118] Durch die kollektive Stigmatisierung der Juden als Gegner des Dritten Reiches kam es allerdings auch zu einer Beteiligung der Wehrmacht an Judenmorden. Ebenso zeichnen Wehrmacht und SS im in der Erzählung thematisierten Russlandfeldzug verantwortlich für das Massensterben von Kriegsgefangenen und den Hungertod unzähliger ukrainischer Zivilisten.[119] Wie selbstverständlich viele Wehrmachtssoldaten diese Verbrechen aufgrund der Überzeugung von ihrer vermeintlichen ›Mission‹ im Kampf gegen ›Bolschewismus‹ und ›Untermenschentum‹ mit ihrem Selbstbild vereinbaren konnten, wird in einem anderen Kapitel von Wettes Untersuchung dargelegt (vgl. Mat. 8).

Das – historisch belegte – besonders rücksichtslose Vorgehen der Waffen-SS im Russlandfeldzug (vgl. Mat. 7) ist vermutlich der Hintergrund eines Feldpostbriefs des Bruders aus der Ukraine, in dem davon die Rede ist, dass die Leute sich bei der Ankunft seiner Division freuten, da sie scheinbar […] noch nichts mit der Waffen-SS zu tun gehabt hatten, sondern bisher nur mit der Wehrmacht in Berührung gekommen seien (vgl. 88). Das Wissen um diese Tatsachen dürfte auch die auf den ersten Blick verstörende Bemerkung des mit Uwe Timm befreundeten Literaturwissenschaftlers Robert Cohen erklären, Timms Bruder Karl-Heinz habe – auch wenn der Autor in der Erzählung betone, keine Belege dafür gefunden zu haben – mit Sicherheit Juden, Russen usw. umgebracht, nicht nur im Kampf, sondern als Massenmörder[120] (vgl. Mat. 5).

Vollends nachvollziehbar wird diese Aussage, wenn man sich die Geschichte des Kampfverbandes vergegenwärtigt, in dem Karl-Heinz Timm diente. Über die 3. SS-Division ›Totenkopf‹, der der Bruder angehörte und die sich unter Führung von Theodor Eicke aus den in den Konzentrationslagern eingesetzten berüchtigten SS-Totenkopfverbänden entwickelte (vgl. hierzu Mat. 7), berichtet eine weitere, umfangreiche wissenschaftliche Untersuchung.[121] In ihr werden unter anderem die Rolle der Division als

Feuerwehr des Führers, die in der Erzählung thematisierte Rückeroberung Charkows und die Schlacht bei Kursk detailliert dargestellt. Übereinstimmend mit der übrigen geschichtswissenschaftlichen Forschungsliteratur beschreibt der Autor dieser Studie die Totenkopfdivision als besonders barbarisch operierende Einsatztruppe:

> Von dem Massaker an britischen Kriegsgefangenen und der Ermordung senegalesischer und marrokanischer Gefangener in Frankreich bis zu dem Niederbrennen russischer Dörfer und Geiselerschießungen, der Liquidierung sowjetischer Kommissare und der Folterung gefangener Rotarmisten, dem Zusammentreiben von Zivilisten und Juden zu Zwangsarbeit und Ermordung erwiesen sich Verbände der SS-Totenkopfdivision als [...] völlig rücksichtslos – ein Verhalten, das in jeder Hinsicht dem rassischen und ideologischen Vernichtungskrieg Deutschlands im Osten entsprach.[122]

Die von UWE TIMM unter Verweis auf Christopher R. Browning angesprochene ›Normalität‹ derartigen Barbarentums, eine **Haltung, die nur Befehl und Gehorsam kannte** (131, 137), ist auch Thema einer neueren Studie von Harald Welzer (vgl. Mat. 15) mit dem Titel *TÄTER*, die die sozialpsychologischen Hintergründe des kollektiven Mordens und seiner Verdrängung in der Nachkriegszeit untersucht. Sie gelangt zu dem Ergebnis, dass sich dieses Verhalten auf eine **Kultur der emotionalen Übereinstimmung** stützen konnte.[123] Wie junge Leute während der NS-Zeit einerseits auf ihren Kriegseinsatz und auf ihre Rolle als Täter ideologisch vorbereitet wurden, belegen Schulaufsätze aus der damaligen Zeit (vgl. Mat. 10).[124] Andererseits darf nicht unterschlagen werden, dass es während der NS-Zeit über die bekannten Beispiele hinaus, die etwa in neueren Filmen wie *SOPHIE SCHOLL – DIE LETZTEN TAGE* (2005) oder *EDELWEISSPIRATEN* (2004) dokumentiert sind, auch weitere Formen jugendlicher Opposition gegeben hat, dass also das **Beispiel** des Bruders keineswegs vollkommen repräsentativ für alle Heranwachsenden der damaligen Zeit in Deutschland ist.[125]

3.7.3 Die Nachkriegszeit und die ›Unfähigkeit zu trauern‹

Obwohl AM BEISPIEL MEINES BRUDERS die Geschichte eines Täters erzählt, koppelt UWE TIMM die Darstellung konsequent an die Geschichte der Opfer. Entsprechend ist der Holocaust nicht nur im Subtext der Erzählung ständig präsent. Selbst wenn man davon ausgehen kann, dass heutige Leser über einen relativ hohen Informationsstand zum Holocaust verfügen und dass die Geschichte der Deutschen im kollektiven Gedächtnis **von Auschwitz her** interpretiert wird, so gibt es im kommunikativen Gedächtnis deutscher Familien doch eine unverkennbare Tendenz zur Anmaßung der Opferrolle.[126] Gerade im Geschichtsbewusstsein Jugendlicher und junger

Erwachsener haben empirische Untersuchungen in den siebziger[127] und neunziger Jahren außerdem deutliche Wissensdefizite und den Hang zur **Personalisierung als Deutungsmuster des Nationalsozialismus** (›Hitlerismus-These‹)[128] festgestellt.

Timms Erzählung kreist zwar vorwiegend um die Fragen von Täter- und Mitwisserschaft, verweist aber auch wiederholt auf die Opferperspektive. Es ist zum einen Jean Amerys **tiefe verzweifelte Erkenntnis, [dass] nicht Bildung, Kultur, nicht das sogenannte Geistige, [...] die Täter vor den Untaten bewahrt hat** (59), zum anderen Primo Levis Feststellung, **die tiefste Schuld der Deutschen** bestehe im *Totschweigen* der Verbrechen des Holocaust (102), das in der Nachkriegszeit seine Fortsetzung in jenem **Wir-haben-nichts-gewußt** fand, mit dem **eine kranke Generation [...] ihr Trauma in einem lärmenden Wiederaufbau verdrängt hatte** (103).

Dieses von Alexander und Margarete Mitscherlich in ihrem zum Klassiker gewordenen Buch DIE UNFÄHIGKEIT ZU TRAUERN (1967)[129] untersuchte kollektive Phänomen, das in der Tatsache gipfelte, **daß nach dem Krieg und mit dem Wissen um die systematische Tötung – *die Ausrottung* – der Juden öffentlich eine breite, ernsthafte Diskussion darüber geführt werden konnte, wie man den Krieg doch noch hätte gewinnen können** (95) (vgl. Mat. 9), wird in der Erzählung immer wieder thematisiert und mit dem Faktum des Holocaust konfrontiert (vgl. exemplarisch 100 f., 136).

Zur Symbolfigur für die *Unfähigkeit zu trauern* wird der Vater, dessen **Versuch die Schuld zu relativieren** (130) als generationsspezifisches Phänomen erscheint, wobei dieser Relativierungs- und Verdrängungsversuch auch der DDR angelastet wird, in der man in mechanistisch verkürzter Sicht Schuld **zu einer Klassenfrage** uminterpretiert und gleichzeitig autoritäres Denken kultiviert habe (68). Neue Aktualität gewinnt die Verdrängungsthematik in der gegenwärtigen Diskussion um die Verdrängungsmechanismen, die nach wie vor im Familiengedächtnis der Deutschen wirksam sind (vgl. Mat. 15), und der aktuellen psychotherapeutischen Auseinandersetzung mit den Traumatisierungen der Kriegskinder, deren Generation auch Uwe Timm angehört (vgl. Mat. 14).[130]

Nur am Rande erwähnt, dafür aber dezidiert als Resultat einer Erfahrung gedeutet, **die ich mit vielen anderen meiner Generation teilen sollte** (66) und die mit dem Kleinwerden der Großen, mit der **Degradierung der Väter** (66) verbunden war, welche mit der Niederlage des nationalsozialistischen Deutschlands einherging, wird die antiautoritäre Studentenbewegung des Jahres 1968. Dass die bereits erwähnte vorübergehende Mitgliedschaft Uwe Timms in ›der‹ **Partei**, d.h. in der DKP, in der Erzählung Gegenstand einer selbstkritischen Reflexion wird, die zu dem Ergebnis gelangt, dass der Erzähler auch als erwachsener Mann immer noch väterlichen Wertvorstellungen verhaftet ist (vgl. 146 f.), ist in diesem Zusammenhang von Bedeutung. Es lässt den Schluss zu, dass die politische Radikalisierung eines Teils der Studentenbewegung in deren späten Phase eine Art Umkehrung auf dem gleichen (nämlich totalitären) weltanschaulichen Terrain war, an das sich die inkriminierte Vätergeneration in der Nachkriegszeit klammerte.

4 Personen[131]

4.1 Der Bruder

Uwe Timms Bruder Karl-Heinz wird durch den Titel der Erzählung zur exemplarischen Figur. Wenn man diesem Titel Glauben schenken darf, steht er als Beispiel für andere, also für die Generation jener Täter, die, als sie dazu wurden, gerade die Kindheit hinter sich gelassen hatten. Denn der Bruder trifft an der Schwelle zum Erwachsenwerden, als Achtzehnjähriger, die verhängnisvolle Entscheidung, sich zum Kriegseinsatz bei der Waffen-SS zu melden, und er überlebt den Tag dieser Entscheidung nicht einmal um ein volles Jahr. Dennoch ist die Frage, wofür sein Leben und Sterben exemplarisch stehen soll, keineswegs einfach zu beantworten. In Zuspitzung der These, dass sich der Bruder dem Erzähler im Verlauf der Erzählung zunehmend entzieht,[132] kann man sagen, dass er ihm von Beginn der Recherche an bereits entzogen worden ist. Die Möglichkeit, entscheidende Fragen über ihn zu beantworten, ist von vorneherein begrenzt. Denn über eigene Erfahrungen mit ihm verfügt Uwe Timm so gut wie nicht. Einzig die zu Beginn geschilderte Familienszene ist ihm vage präsent.[133]

Erfahrungen aus zweiter Hand, Wissen vom Hörensagen, sind vor allem die Erzählungen der Eltern und der Schwester, die bereits ein differenzierteres, zugleich aber widersprüchliches Bild des Bruders zeichnen. Dokumente im engeren Sinne sind nur die wenigen hinterlassenen Habseligkeiten, die Fotos und vor allem die schriftlichen Aufzeichnungen des Bruders. Weil der Erzähler ihnen ein höheres Maß an Authentizität zugesteht als den Berichten der anderen Familienmitglieder, nehmen letztere in der Erzählung einen zentralen Platz ein, werden sie immer wieder zitiert, hinterfragt, interpretiert: **Er selbst, sein Leben, spricht nur aus den wenigen erhaltenen Briefen und aus dem Tagebuch. Das ist die *festgeschriebene* Erinnerung.** (33)

Obwohl der Erzähler hier zwischen mehr oder weniger ›objektiven‹ Dokumenten der Erinnerung unterscheidet, sind es doch nur graduelle Unterschiede, die die schriftlich fixierten von den mündlich tradierten trennen. Denn jene sind ebenso interpretationsbedürftig wie diese. Deshalb kreisen nicht nur die Reflexionen und Deutungsversuche des Erzählers, sondern auch die Träume, über die er berichtet (vgl. Kapitel 5.3), immer wieder um die Figur des Bruders.

4.1.1 Der Bruder im Spiegel der Erzählungen der Eltern

Das Bild, das der Erzähler als Kind und Jugendlicher von seinem verstorbenen Bruder gewinnt, wird vor allem durch die Eltern geprägt. Der sechzehn Jahre ältere Karl-Heinz wird 1924 geboren und stirbt **am 16.10.1943 um 20 Uhr […] in dem Feldlazarett 623** (8). In den Erzählungen der Eltern wird er **als mutig und anständig** (8), gleichzeitig als kränkliches und dabei **geduldiges Kind** (17) beschrieben. Die Erinnerungen an ihren verstorbenen Sohn, die Vater und Mutter an den jüngeren Uwe weitergeben, weisen zwar eine gewisse Schnittmenge, aber auch Unterschiede auf. Es ist vor allem die sensible, ängstliche Seite des Jungen (vgl. 14)[134], der unter **Blutarmut und Herzflimmern** (13) leidet und **hin und wieder in der Wohnung verschwand** (13), die in den Berichten der Mutter eine wesentliche Rolle spielt:

> Später, Jahre später, erzählte die Mutter, habe sie, als die Fenster der Wohnung gestrichen wurden, das hölzerne Podest entdeckt, das, die Wohnung lag im Parterre, eine Fensterbank vortäuschte. Dieses Podest konnte man abrücken, und dahinter lagen Steinschleudern, eine Taschenlampe, Hefte und Bücher, die Tiere in der freien Wildbahn beschrieben, Löwen, Tiger, Antilopen. An die Titel der anderen Bücher konnte sich die Mutter nicht mehr erinnern. Dort drin muß er gesessen und gelesen haben. Er lauschte, hörte die Schritte, die Stimmen, der Mutter, des Vaters und war unsichtbar. Als die Mutter das Versteck fand, war der Bruder schon beim Militär. Das eine Mal, als er noch auf Besuch kam, hatte sie versäumt, ihn zu fragen. (13f.)

Aus der Sicht der literarischen Sozialisationsforschung ist die ›Lesehöhle‹, in der sich der Junge versteckt, der Ort einer **Lektüre, in der das Selbst und die Umgebung vergessen werden, das Subjekt sich im Text verliert**.[135] Sie steht für unschuldige Fantasie und Abenteuerlust. Es ist bezeichnend, dass selbst der Mutter diese Lust am Sich-Verstecken, am ›Abtauchen‹ des Sohnes in eine Fantasiewelt letztlich unverständlich bleibt: **Das einzig Sonderbare an dem Jungen** (13). Wie nah diese kindliche Welt lebensgeschichtlich an jene andere grenzt, in der der Bruder den Tod finden soll, zeigt der letzte Satz der oben zitierten Textstelle auf S. 13 f.

Das vom Vater tradierte Bild vom Charakter seines erstgeborenen Sohnes kommt vorwiegend in anderen Beschreibungen zum Ausdruck: **Der Bruder, das war der Junge, der nicht log, der immer aufrecht war, der nicht weinte, der tapfer war, der gehorchte. Das Vorbild.** (18) Vor dem Hintergrund dieser (Wunsch-)vorstellung muss das, was vor allem die Mutter an Versäumtes zu erinnern scheint, als widersprüchlich erscheinen: **Der Junge, der so verträumt und darum ein schlechter Schüler war.** (32) Der

ängstliche Junge. Der tapfere Junge. (5) Auch dass der Bruder den Dienst in der Hitlerjugend nicht mag und dort mehrfach in Konflikt mit seinem Fähnleinführer gerät, scheint nicht ins Bild des **brave[n] Junge[n]** (54) zu passen. Aus den Informationen, die der Erzähler über Kindheit und Jugend seines Bruders besitzt, lässt sich jedenfalls nicht schlüssig ableiten, warum er, der als Kind **nie mit Soldaten spielen** mochte (19), sich freiwillig zur Waffen-SS meldet und sich dabei über seine Angst hinwegsetzt. Die Erklärung der Eltern lautet: *Aus Idealismus. Er wollte nicht zurückstehen. Sich nicht drücken*; sie soll den gefallenen Sohn entlasten, eine klare Trennungslinie ziehen zwischen ihm und den eigentlichen Tätern, der *Mistbande*, den *Verbrecher[n]* (19). Was diese Begründung unterschlägt, sind die Bedingungen, die zu dieser Entscheidungen geführt haben und die der Erzähler an anderer Stelle in aller Deutlichkeit benennt: **Es war nur die wortlose Ausführung von dem, was der Vater im Einklang mit der Gesellschaft wünschte.** (56)

Auch in dieser Erklärung erscheint der Bruder nicht einseitig als Täter, sondern als Fehlgeleiteter, als Produkt des nationalsozialistischen Erziehungssystems, das durch den Nationalismus des Vaters gestützt wird. Ein zentrales Motiv der Erzählung ist seine Orientierungslosigkeit, die ihm aber nicht als solche bewusst zu sein scheint. In der Schlüsselszene, die von seinem ersten, erfolglosen Versuch handelt, sich im Musterungsbüro der Waffen-SS vorzustellen, verläuft er sich bei einbrechender Nacht (vgl. Kapitel 5.1). Dieses Erlebnis bleibt jedoch ohne Konsequenzen, löst bei ihm kein Nachdenken über die getroffene Entscheidung aus, die am folgenden Tage endgültig vollzogen wird.

4.1.2 Der Bruder im Spiegel seiner Briefe und Tagebuchaufzeichnungen

Im Gegensatz zu den Erzählungen der Eltern scheinen die Briefe und Tagebuchaufzeichnungen des Bruders zwar einen unmittelbaren Zugang zu seiner Person zu ermöglichen, doch gerade sie bilden für Uwe Timm lange Zeit eine Barriere, die ihn davon abhält, über ihn zu schreiben.

> […] es blieb jedesmal bei dem Versuch. Ich las in seinen Feldpostbriefen und in dem Tagebuch, das er während seines Einsatzes in Rußland geführt hat. Ein kleines Heft in einem hellbraunen Einband mit der Aufschrift *Notizen*. […] Aber jedesmal, wenn ich in das Tagebuch oder die Briefe hineinlas, brach ich die Lektüre schon bald wieder ab. (8 f.)

Zehn Feldpostbriefe des Bruders werden in der Erzählung zitiert. Die Mehrzahl dieser Briefe ist an den Vater adressiert, einige an die Mutter, einer sogar an den gerade dreijährigen Uwe, während die Schwester nicht ein einziges Mal Erwähnung findet. Datiert ist der erste Brief vom 17. 3. 1943, der letzte vom 9. 10. 1943, genau eine Woche vor dem Tod Karl-Heinz Timms.

Zitierte Briefe des Bruders in chronologischer Reihenfolge

Datum	Adressat	Thema/Stichwort	Seite
(1) 17. 3. 1943	Vater	führe nur Befehle aus	74
(2) 20. 7. 1943	Vater	schwere Kämpfe	56 f.
(3) 22. 7. 1943	Mutter	traurig, wenn wir nie eingesetzt werden	92
(4) 22. 7. 1943	Uwe	Russen totschießen	55
(5) 25. 7. 1943	nicht genannt	viele hübsche jung Mädchen	88
(6) 11. 8. 1943	Vater	Das ist doch kein Krieg, das ist ja Mord	24 f.
(7) 17. 8. 1943	Vater	ich kann es gar nicht fassen, daß 80 % von Hamburg hin sein sollen [...]	37 f.
(8) 30. 9. 1943	Vater	leider bin ich am 19. schwer verwundet	8
(9) 9. 10. 1943	Mutter	Nun will ich auch dir schreiben, [Komma fehlt im Original] dass man mir beide Beine abgenommen hat.	29
(10) ohne Datum	Mutter	Ich habe jetzt eine prima Random Pistole gefunden	101 f.

Die Mehrzahl der übrigen zitierten Briefe, insgesamt sechs, stammt aus den Monaten Juli und August 1943. Da es sich dabei nur um eine Auswahl handelt und meist nur Auszüge aus ihnen zitiert werden, kann davon ausgegangen werden, dass der Erzähler sie in gezielter Darstellungsintention in die Erzählung eingebaut hat.

Eine Analyse ihres Inhalts bestätigt zunächst das Bild des **braven Jungen**, das die Erzählungen der Eltern vermitteln, zeigt aber auch, dass der Bruder in diesen Briefen gezielte ›Informationspolitik‹ betreibt. So wird die Mutter monatelang absichtlich im Unklaren darüber gelassen, was sich an der Front abspielt.

Auch gegenüber dem Vater scheint der Absender bemüht, das dortige Geschehen und seine eigene Rolle dabei herunterzuspielen: [...] **ich führe nur Befehle aus und alles andere geht mich nichts an – was nützt es mir, wenn ich das EK habe und mir fehlt eine Hand, dann ist mein ganzes Leben und Beruf verpfuscht.** (74) heißt es im Brief vom 17. März 1943. Außerdem versichert Karl-Heinz hier, dass er, der väterlichen Weisung gemäß, der Mutter nicht mitgeteilt habe, **daß ich im Kampf bin**, dies auch künftig nicht tun und außerdem **keine Jagd auf Orden** machen, also nichts Unnötiges riskieren werde (vgl. ebd.). Wie konsequent sich der Bruder vor allem an das erste Versprechen hält, zeigen die fast zeitgleich verfassten Briefe vom 20. Juli 1943 (an den Vater) und vom 22. Juli 1943 (an die Mutter). Während im ersten

Brief **von schwere[n] Kämpfe[n] die Rede ist** (56), wird in letzterem die Illusion aufrechterhalten, dass **wir nie eingesetzt werden** (92). Am gleichen Tag heißt es in einem, diesem Schreiben an die Mutter beigelegten Brief an den dreijährigen Bruder Uwe:

> Wie die Goldmutsch mir schrieb, willst Du alle Russen totschießen und dann mit mir türmen. Also Bub, daß geht nicht, wenn das alle machen würden? (sic!) aber ich hoffe, daß ich bald nach Hause komme, dann spiele ich mit Uwe. (55)

Nicht nur diese Aussagen haben auf den Erzähler eine irritierende Wirkung, der darüber spekuliert, ob hier in verschlüsselter Form auf eine **höchst indirekte mütterliche Aufforderung [...] zu desertieren** (55) Bezug genommen wird. Auch der Brief vom 25. Juli 1943, dessen Adressat nicht genannt wird und in dem vom Umzug in ein **herrliches Quartier [...] schön, sauber und penibel wie bei uns** und von **viele[n] hübsche[n] junge[n] Mädchen** in der Ukraine die Rede ist (88), veranlasst ihn zu der Frage, was sich im Bewusstsein des Bruders damals tatsächlich abgespielt hat: **Wie sah der Bruder sich selbst? Welche Empfindungen hatte er? Erkannte er etwas wie Täterschaft, Schuldigwerden, Unrecht?** (88)

Ebenso wie über die Frage, ob der Bruder an Verbrechen gegenüber Juden und anderen Zivilisten beteiligt war, können die Recherchen des Erzählers auch hierüber keine wirklichen Erkenntnisse zutage bringen. Deutlich wird aber, dass der Bruder in einem Denken befangen ist, das ethisch und auch emotional mit zweierlei Maß misst. Denn während er in einem Brief die Luftangriffe der Engländer auf deutsche Städte mit moralischer Entrüstung kommentiert – **Das ist doch kein Krieg, das ist ja Mord an Frauen und Kinder (sic!)** – **und das ist nicht human** (24) – und ihn die Nachricht von der Zerstörung seiner Heimatstadt Hamburg zu Tränen rührt (37), ist von den Opfern der russischen Zivilbevölkerung, mit denen er fraglos konfrontiert war, in keinem der Briefe die Rede (vgl. 25).

Die Tagebuchnotizen **beginnen im Frühjahr 1943, am 14. Februar, und enden am 6. 8. 43 [...]** (14). Der 14. Februar 1943 ist der Tag, an dem die letzten Truppen der Totenkopfdivision am Verschiebebahnhof der Wehrmacht in Kiew/Ukraine ankamen, um von dort aus an den Südabschnitt der Ostfront geschickt zu werden. Ihren Marschbefehl hatten sie am 30. Januar 1943 erhalten, um als **Feuerwehr des Führers** in einer akuten Krise eingesetzt zu werden, in der sich die deutsche Wehrmacht an der Ostfront zu diesem Zeitpunkt befand.[136] Denn nach der Einschließung der 6. Armee bei Stalingrad hatte die Rote Armee seit dem 12. Januar 1943 die Deutschen in einer großen Winteroffensive weit nach Westen zurückgedrängt. Um diese Offensive zu stoppen, hatte Hitler die SS-Totenkopfdivision **durch einen direkten Befehl**

Zitierte Tagebuchnotizen des Bruders in chronologischer Reihenfolge

Nr.	Datum	Themen/Stichworte	Seite
1–6	14.–28. 2. 1943	Viel Beute/große Läusejagd	15, 141
7–11	14.–18. 3. 1943	Iwans greifen an. [...] knalle drauf 40 H (?) Schuß Dauerfeuer	16
12	21. 3. 1943	75 m raucht Iwan Zigaretten, ein Fressen für mein MG.	16, 33, 98
13	24. 4. 1943	Brückenbau	28
14	30. 4. 1943	Kino Der große Schatten	28
15	kein Datum angegeben	wir bauen die Öfen der Russenhäuser ab	89
16	Kein Datum angegeben	Fahrzeuge kommen nicht aus dem Schlamm	89
17	29. 7. 1943	Schwarz und ich verw.	90 f.
18–26	5.–13. 7. 1943	es geht nicht wir müssen zurück Nachts prima ausgeschlafen	92–94
27–29	4.–6. 8. 1943	Russe ist durchbrochen. Die Fahrt geht weiter	120
30	Undatiert, zwischen 7. 8. und 19. 9. 1943	Hiermit schließe ich mein Tagebuch	120, 147, 154

[...] herbeigerufen[137] – ein Versuch, der mit der Rückeroberung Charkows im März 1943 zunächst erfolgreich zu verlaufen schien.

Da der Bruder seine Tagebuchaufzeichnungen trotz des generellen Verbots, Fronttagebücher zu führen, das insbesondere für die SS galt, heimlich verfasst hat (154 f.) und da im Zeitraum vom 14. Februar bis zum 6. August 1943 kein Tag ausgelassen ist, versprechen diese Notizen mehr Informationen über die tatsächliche Befindlichkeit des Verfassers als die Briefe. Dennoch stößt der Erzähler auch hier immer wieder an Grenzen, beispielsweise wenn er sich fragt, ob **mit Läusejagd nicht auch etwas ganz anderes gemeint sein** kann als das Entlausen der Uniformen (15). Zwar findet er auch in den Tagebuchaufzeichnungen keinen direkten Hinweis auf die Beteiligung des Bruders an Verbrechen gegenüber Zivilisten, **keine antisemitischen Äußerungen und keine Stereotypen wie in den Feldpostbriefen anderer Soldaten: Untermenschen, der Dreck, Ungeziefer, die Stumpfheit der Russen** (143). Dennoch begegnet ihm dort jene **partielle Blindheit, die, nur das Normale [...] registriert** (148) und durch Abwesenheit von jedem

Mitempfinden (147) gekennzeichnet ist, noch deutlicher als in den Feldpostbriefen. Dies gilt zumindest für die Mehrzahl der Eintragungen, die den Kriegsalltag mehr oder weniger nüchtern registrieren, gelegentlich sogar Anzeichen von naiver Kriegsbegeisterung erkennen lassen: **Mein überschweres Beute Fahr-MG schießt wie toll** (16); **Flieger kommen einfach toll wie das kracht** (93). Der zuletzt zitierte Satz wurde während der Schlacht bei Kursk notiert, die in der Erzählung unter Berufung auf Militärhistoriker als eigentlicher **Wendepunkt des Krieges** bezeichnet wird (94). Für Hitlers Waffen-SS-Verbände war sie mit derart hohen Verlusten verbunden, dass eine **irreversible Schwächung** der deutschen Panzerkräfte die Folge war.[138] Das **Sinnlose**, so kommentiert der Erzähler die Aufzeichnungen seines Bruders während dieser Schlacht, erscheine hier durch die Wiederholung auch noch **banal** (vgl. 147).

4.1.3 Der Bruder als exemplarische Figur

Betrachtet man die in der Erzählung zitierten Tagebuchnotizen im Zusammenhang, so springt insbesondere eine Aufzeichnung ins Auge, die der Erzähler vier Mal leitmotivisch zitiert (vgl. 16, 17 [zwei Mal], 33, 150) und bei der er **früher nicht weiterlas, sondern das Heft wegschloß** (16):

> März 21.
> Donez
> Brückenkopf über dem Donez. 75 m raucht Iwan Zigaretten, ein Fressen für mein MG.

Warum der Bruder das Tagebuch, nachdem er zuvor keinen Tag ausgelassen hat, am 7. August abbricht, bleibt letztlich unklar. Eine einzige undatierte Eintragung, die der Erzähler ebenfalls als Leitmotiv zitiert (vgl. 120, 147, 154) und die auch den Schlusssatz der Erzählung bildet, markiert die **Lücke** und scheint den Hinweis auf eine mögliche Antwort zu enthalten: **Hiermit schließe ich mein Tagebuch, da ich es für unsinnig halte, über so grausame Dinge wie sie manchmal geschehen, Buch zu führen.** Doch gelingt es dem Erzähler nicht, den Grund für diese Einsicht zu finden. Zwei mögliche Ursachen, der **Tod zweier Kameraden** und der **Verlust des Heims** (147), liegen schon längere Zeit zurück, sodass die Frage, ob sich **bei seinem Einsatz inzwischen etwas ereignet hatte, etwas Schreckliches, das sich dieser Form seines Schreibens entzog** (147), letztlich unbeantwortet bleiben muss. Die Hoffnung des Erzählers, dass diese letzte Tagebuchaufzeichnung des Bruders **ein Lichtstrahl in die Finsternis** (147), Ausdruck eines **Non servo** (148), einer Weigerung sei, sich dem Druck des sozialen Kollektivs länger zu beugen, bleibt durchaus vage.[139]

Dass UWE TIMMS Versuch, sich der Person des Bruders und damit der Generation von NS-Tätern, die in sehr jungen Jahren dazu wurden, schreibend zu nähern, damit zu keinem **neuen Einverständnis** gelangt, das den **Frieden** mit der Tätergeneration sucht, sondern **dort Ambivalenz [riskiert]**, wo andere Schriftsteller zur Eindeutigkeit und damit zur Befriedigung tendieren,[140] ist von der Kritik zu Recht hervorgehoben worden. Die literarische Beschreibung des Bruders bleibt in der Tat **inkompatibel mit dem deutschen Opferdiskurs**.[141] Erreicht wird dies unter anderem durch den Einsatz dekonstruktiver Erzähltechniken, die das mögliche einseitige Bild des monströsen Täters[142] genauso unterlaufen wie den **Topos des schuldlosen Menschen**.[143]

Ein Beispiel dafür ist nicht nur das Zusammenspiel der beiden erwähnten leitmotivischen Aussagen aus dem Tagebuch des Bruders, deren erste die Empathielosigkeit des Täters zeigt, während die zweite den Erzähler hoffen lässt, der Bruder habe das Fehlen jeglichen Mitempfindens überwunden. Beide Leitmotive stehen in Opposition zueinander und kennzeichnen so die Ambivalenz, die das Verhältnis des Erzählers zu seinem Bruder bestimmt. Sie markieren die Opposition zwischen **Finsternis** und **Licht** (vgl. 147), Schuld und der Möglichkeit von Einsicht. Diese Opposition wiederum ist grundlegend für die Kohärenz des fragmentarischen Textganzen, verleiht ihm seine eigentliche Struktur. Das Aufzeigen von Widersprüchen in den Texten des Bruders, die das Fehlen von moralischem Urteilsvermögen zeigen und für den Erzähler **schwer verständlich und nicht nachvollziehbar** (90) erscheinen, hat einen vergleichbaren Effekt.

Außerdem stellen die Kommentare des Erzählers immer wieder ein Gegengewicht zu den zur Eindeutigkeit tendierenden Fakten seines Berichts über das in dessen Texten festgeschriebene inhumane Handeln des Bruders dar: **Er war, als er das schrieb, 19 Jahre und drei Monate alt und sollte noch zwei Monate zu leben haben. Er hatte eine Lehre gemacht. Er war beim Jungvolk, dann in der HJ gewesen. […] Er wurde *geschliffen*.** (90) Entsprechendes gilt für die Aussagen anderer Familienmitglieder und die wenigen Stellen in den Texten des Bruders, in denen sein Leben als ungelebtes erscheint: **Er hätte gern einen Tanzkurs gemacht, erzählte die Schwester. Aber dazu blieb keine Zeit. Und er hätte gern das Segelfliegen gelernt.** (90) Zur Tagebuchnotiz **April 30. Kino Der große Schatten** lautet der Erzählerkommentar: **Kein Kommentar. Hat ihm der Film gefallen? Um die eigene Geschichte und um die Erfahrbarkeit eigener Gefühle betrogen, bleibt nur die Reduktion auf die Haltung: Tapferkeit** (28).

Es sind diese Leerstellen in den Texten, im **festgeschriebenen** Leben des Bruders (vgl. 17), die der Erzähler gegen die Gefahr einer Vereindeutigung setzt:[144] **Kein Traum ist in dem Tagebuch erwähnt, kein Wunsch, kein Geheimnis** (28). Nicht zuletzt ist es der Wechsel zwischen Frage und Antwort in den Erzählerkommentaren, der die Ambivalenz des Bruderbildes unterstreicht: Denn einerseits wird dessen Täterschaft festgestellt, wird sein **Nichtwissenwollen** (143) als Schuld markiert wie das der Eltern. Andererseits erscheint er als Unberatener. Die Frage, ob die Lücke am Ende seines Tagebuchs **für ein Nein [...], für das non servo** steht (148), bleibt ebenso unbeantwortet wie die nach seiner möglichen moralischen Weiterentwicklung: **Was würde er heute sagen, wenn er diesen Satz lesen würde: 75m raucht Iwan Zigaretten, ein Fressen für mein MG?** (150)

Es sind diese durch die Struktur des Textes akzentuierten Widersprüche, die den Bruder zum Beispiel für eine ganze Generation werden lassen – eine Generation von Tätern, die schon als Kinder systematisch dazu gemacht wurden.

4.2 Der Vater

Lange Passagen des Buches sind auch der Auseinandersetzung mit dem Vater des Ich-Erzählers gewidmet. Er, so könnte man sagen, ist fast im gleichen Maße wie der Bruder Hauptfigur der Erzählung. Der Versuch, das Exemplarische am Leben des Bruders zu begreifen und dabei **sich neu zu finden** (18), führt notwendigerweise über ihn: **Über den Bruder schreiben, heißt auch über ihn schreiben, den Vater. Die Ähnlichkeit zu ihm, meine, ist zu erkennen über die Ähnlichkeit, meine, zum Bruder.** (18) Auffällig ist nicht nur die Fülle der Textsequenzen über den Vater (vgl. 20–24, 40–44, 61–64, 77–86, 130–135, 151–154), sondern auch, dass UWE TIMM bereits in seinen frühen Romanen Elemente aus dessen Biografie verarbeitet hat – so dessen Kriegserlebnisse und späteren wirtschaftlichen Schwierigkeiten in *HEISSER SOMMER*[145], seinen Tod, seinen Alkoholismus und die Konflikte mit seinem (jüngeren) Sohn Uwe in *KERBELS FLUCHT*[146].

Fand die Auseinandersetzung dort in fiktionalisierter und damit verschlüsselter Form statt, so wird sie in dem autobiografischen Text *AM BEISPIEL MEINES BRUDERS* offen ausgetragen. UWE TIMM selbst hat sie im Gespräch mit Gerrit Bartels als **eines der wichtigsten Produkte des Schreibens** bezeichnet, eines Schreibens, das zwischen **sensible[r] Annäherung** und **Abrechnung** schwankt[147]: nicht **zwischen Aufruhr und Unterwerfung**[148], aber doch zwischen dem Wunsch, den Vater zu verstehen und dem Bedürfnis, sich gleichzeitig von ihm zu distanzieren. Wie das Leben des Bruders, so erscheint das des Vaters als beispielhaft – weniger allerdings für eine Generation der Betrogenen (vgl. 28) als für eine, die den Betrug nach dem verlorenen Weltkrieg als Selbstbetrug perpetuiert hat: **die Vätergeneration, die Tätergeneration [...]** (99).

Obwohl UWE TIMM im Interview mit Bartels betont, **wie wenig ich von seiner [des Vaters; C. K.] Kindheit weiß**[149] und in der Erzählung selbst hervorhebt, dass er auch über die Jugend des Vaters **so gut wie nichts** wisse

(20), enthält der Text doch eine Fülle von Details aus dessen Leben. Im November 1899 geboren, wächst Hans Timm, dessen eigener Vater wie sein Großvater die Familie verlassen hatte und dafür **durch Nichterinnern, Nichterwähnung** bestraft wird (47), seit seinem 12. oder 13. Lebensjahr bei einem Onkel in Coburg auf. Dieser ist von Beruf Tierpräparator. Da der Vater selbst **nie etwas über seine Kindheit erzählt hat** (151), ist der Erzähler auch hier auf Informationen Dritter angewiesen: **Hart soll sie gewesen sein** [...] **Ein guter Schüler soll er gewesen sein.** (151). Das **einzige Detail** ist die Geschichte von einem jungen Raben, der aus dem Nest gefallen ist und den der Vater gezähmt haben soll. **Er muß** lautet die Schlussfolgerung des Erzählers, **sehr einsam gewesen sein** (151). Diese Vermutung wird am Ende der Erzählung, im Zusammenhang mit dem Tod des Vaters geäußert. Die letzten Aussagen über ihn konstatieren seine Ähnlichkeit mit dem Erzähler und seinem eigenen Sohn.

Wenn UWE TIMM Vermutungen über die einsame Kindheit des Vaters anstellt, wenn er von einer – der einzigen – Situation berichtet, in der er den Vater hat weinen sehen, ein Weinen, in dem etwas **von dem Grauen der Erinnerung gegenwärtig [wurde] abgrundtief verzweifelt** (99), so äußert sich darin der Versuch, Zugang zur anderen Seite auch dieses Vaters zu finden, einen Zugang, der ihm zu dessen Lebzeiten verwehrt blieb. [...] **und auf meine Fragen** – so heißt es weiter – **schüttelte er [der weinende Vater; C. K.] immer wieder nur den Kopf.** (99) Die enorme Bedeutung der Vaterfigur in TIMMS Erzählung und in seinem gesamten Werk dürfte ihre Ursache in dieser Mangelerfahrung haben – dem Ausbleiben einer Antwort auf die vom Sohn gestellte Frage. **Manchmal, sehr selten, ist er mir nahe [...]. Noch immer arbeite ich – ja, arbeite – an seinen Wünschen** (153 f.)[150], heißt es am Ende der Erzählung.

Wie beim Nachdenken über die Figur des Bruders konfrontiert TIMM bei der Beschreibung seines Vaters Erinnertes mit biografischen Leerstellen, die auf die Möglichkeit eines anderen Lebens, aber auch und vor allem auf die Schuld verweisen, in die beide verstrickt sind. Doch erscheint der Vater in stärkerem Maße schuldig als der Bruder. Seine **rechthaberische Strenge** gegenüber dem sechzehnjährigen Uwe (22), seine Affinität zum Militärischen (22 f.), sein mehr oder weniger offener Nationalismus, auch nach 1945 (vgl. 63 f., 75), vor allem aber seine fehlende Bereitschaft, sich der Verantwortung seiner Generation zu stellen, lässt den heranwachsenden Uwe sensibel werden für den **Widerspruch im Leben des Vaters** (77):

> Er, der jedesmal betonte, er sei kein Nazi gewesen, brachte Argumente für die Mitschuld der Alliierten ins Feld: Warum hatten die Engländer, die Amerikaner, nicht die Zufahrtsgleise zu den KZ bombardiert? Da die Alliierten es doch schon 1943 wußten. Und warum hatten sie nicht die Krema-

① Widerspruch des Vaters

torien bombardiert? Warum waren die Juden nicht rechtzeitig in den USA, in England aufgenommen worden? Dieser Versuch, die Schuld zu relativieren, das eigene Schuldigsein auf die Sieger zu übertragen, sie zu Mitschuldigen zu machen. (130)

Dem moralischen Widerspruch im Leben des Vaters korrespondiert eine **Diskrepanz zwischen dem, was er darstellte, und dem, was wirklich war** (43) – auch in ökonomischer Hinsicht. Seinen Mangel an Bildung und Ausbildung kompensiert er durch gutes Aussehen, Charme und gewandtes Auftreten (vgl. 42, 78, 84) – **viele Kundinnen, insbesondere die vermögenden, kamen, um Mäntel zu kaufen, seinetwegen** (135) – so lange, bis sich seine wirtschaftliche Situation zunehmend verschlechtert und auch sein physisches ›Kapital‹ aufgebraucht ist. Es sind **drei, höchstens vier Jahre**, in denen der Vater **derjenige war, der zu sein er sich wünschte** (135): geschäftlich erfolgreich, unterhaltsam, **gelöst, freundlich, spendabel** (135). In die Zeit danach, die Zeit der wirtschaftlichen Krise der Familie (1955–58), fällt auch die Krise seiner Beziehung zu Uwe, die sich zu seinem Lebensende hin zuspitzt: **[…] eine Zeit, da konnte ich nicht ohne Erregung mit ihm reden, kurz vor seinem Tod.** (43)

Nicht nur die Verbote des Vaters, seine Abneigung gegen Jeans und Jazz, sein Antiamerikanismus, sondern vor allem die Erkenntnis, dass er **gerade das tat, was er immer als verächtlich anprangerte** – er *kniff* (130), lassen die Distanz zwischen Vater und Sohn in den letzten Jahren vor dem Tod von Hans Timm immer größer werden. Die Zahl von Textstellen, in denen die Gründe für diese Distanz benannt werden (vgl. 61, 75, 98 f., 131 ff.), überwiegt nicht nur quantitativ die Versuche einer sensiblen Annäherung. In ihnen wirkt die Empörung des Heranwachsenden über die **Schwäche** des Vaters nach, über dessen Unfähigkeit, sich einer Schuld zu stellen, **die sich nicht aus einer einzelnen Verfehlung ergab, sondern aus der Haltung, eben aus jener Haltung, die nur Befehle und Gehorsam kannte** (131).

War der Bruder des Erzählers Opfer eines Systems, in **dem der Mut, nein zu sagen, zu widersprechen, Befehle zu verweigern** nichts galt (142), wurde er in diesem System zum Täter, so ist die prägende Erfahrung des Nachgeborenen **eine Erfahrung, die ich mit vielen anderen meiner Generation teilen sollte** (66): die der **Degradierung der Väter** (66), die ihre Niederlage, ihre Schuld nicht eingestehen wollten. So ist der Ich-Entwurf des Erzählers ein bewusstes Sich-Absetzen von der Figur des Vaters und von einem Leben wie dem seines Bruders, das [...] **nur die wortlose Ausführung von dem [war], was der Vater im Einklang mit der Gesellschaft wünschte. Ich hingegen hatte eigene Worte finden können, Widerworte, das Fragen und Nachfragen.** (56)

4.3 Die Mutter

Anders als beim Vater sind es bei der Mutter **Momente großer Nähe** (131) zum Ich-Erzähler, die ihr Porträt beherrschen. Das **Gefühl von Schutz** (117), die Erinnerung an eine glückliche Mutter-Kind-Beziehung, **eine Welt, die nur wir kannten, in der wir uns bewegten, verschworen, sie und ich** (117), prägen das Andenken an sie so sehr, dass sich der Erzähler immer wieder vorstellt, **daß ich, wenn ich einmal nicht mehr konzentriert arbeiten kann, diese Briefe, Hunderte von Briefen [der Mutter; C. K.] lesen werde, und ich denke, ich wäre getröstet.** (47) Während es ihm schwer fällt, die Wünsche des Vaters zu erfassen, die **Linien eines Magnetfelds, die unserem Handeln die Richtung geben** (41), bei ihm zu verfolgen, verhält es sich bei der Mutter anders: **Die Wünsche richteten sich auf den Jungen, auf mich. Der Junge sollte es einmal gut haben. Und sie selbst? Keine Geldsorgen. Reisen. Das Geschäft sollte gut gehen.** (45)

Uwe Timms Mutter, drei Jahre jünger als der Vater, wächst als Tochter eines wohlhabenden Hutmachers auf (vgl. 42). Als sie zwei Jahre alt ist, stirbt ihre Mutter und sie wird, nachdem ihr eigener Vater wieder geheiratet hat, von dessen zweiter Frau aufgezogen, die dem Klischee der ›bösen Stiefmutter‹ entspricht: **Eine Frau voller Boshaftigkeit, Geiz, übler Nachrede und Schadenfreude** (111), die das Kind beim Vater **anschwärzt, es bereits wegen kleiner Vergehen einsperrt und durch Essensentzug bestraft** (vgl. ebd.). Wie aus diesem Kind eine **so freundliche, gütige, jede Lüge hassende Frau wurde** (116), bleibt eine Frage, die sich der Erzähler stellt, ohne sie beantworten zu können.

Seinen Vater, ihren späteren Ehemann, lernt die Mutter 1921 kennen, und obwohl sie selbst **einen genauen Sinn für das Machbare hatte, für das Reelle** (44), während er in der Erzählung als Blender beschrieben wird, der die Tendenz hat, **über seine Verhältnisse** (44) zu leben, hält sie ein Leben lang zu ihm: **Und auch nach seinem Tod sagte sie, die damals 56 Jahre alt war, das war der Mann, der einzige, den ich wollte, den ich hatte.** (44) Kulturell interessiert, aber **nicht intellektuell** (46), ist sie im Grunde unpolitisch, kann auch mit der Idee wirklicher Emanzipation nichts anfangen (vgl. 44), hat aber aus ihren Erfahrungen eine entschiedene Lehre gezogen: **Nie wieder dürfte es Krieg geben.** (45) Obwohl der Erzähler daraus schlussfolgert, dass es nicht seine Mutter gewesen sein könne, die ihm als Dreijährigem **das Hackenzusammenschlagen** (24) beigebracht hat, obwohl sie nach eigener Aussage dagegen war, dass ihr Sohn Karl-Heinz sich zur SS meldet (vgl. 20), nimmt er sie von der Schuldfrage nicht gänzlich aus. Wichtig ist dabei nicht so sehr die Tatsache, dass das militärische **Erscheinungsbild, die Uniformen, eine gewisse Faszination auf sie aus[übte]**

(24), sondern ihre kollektive Verstrickung in das zeitgeschichtliche Geschehen, die sie selbst aber begreift:

> [...] sich immerhin nach ihrer Schuld [fragend], nicht selbstquälerisch bohrend aber doch so, daß sie von sich auch fragte: Was hätte ich tun können, was tun sollen? Wenigstens ein Nachfragen, sagte sie. Wo waren die beiden jüdischen Familien aus der Nachbarschaft geblieben? (129)

Es ist die eindeutige, nicht hinterfragte **eheliche Rollenverteilung** (44)[151], die die Mutter hindert, gegen das anzugehen, **was der Vater in Einklang mit der Gesellschaft wünschte** (56). Deshalb macht sie ihm **nie einen Vorwurf** (56), streitet sich nie vor den Kindern mit ihm, obwohl es **Anlaß für Streit [...] gegeben haben** [müsste] (44). Während die Mutter als Einzelperson vom Erzähler weitgehend entschuldigt zu werden scheint, während hier also das Verständnis über den Vorwurf dominiert, verhält es sich anders, wenn von ihr als Bestandteil der ehelichen Gemeinschaft – den Eltern – die Rede ist. Hier schreibt sich ihr Verhalten ein in jene ›Unfähigkeit zu trauern‹, die die Erzählung am Beispiel des Vaters eindringlich beschreibt, hier wird auch sie Gegenstand einer Kritik des Erzählers, die zwischen den Zeilen wie im Zusammenhang der gesamten Erzählung lesbar ist:

> Die formelhafte Zusammenfassung der Eltern für das Geschehen war der *Schicksalsschlag*, ein Schicksal, worauf man persönlich keinen Einfluss hatte nehmen können. *Den Jungen verloren und das Heim*, das war einer der Sätze, mit denen man sich dem Nachdenken über die Gründe entzog. [...] *Fürchterlich* war eben alles, schon weil man selbst *Opfer* geworden war, Opfer eines unerklärlichen kollektiven Schicksals. (87)

So bleibt bei aller Liebe, die der Ich-Erzähler für sie empfindet, und bei aller Eindeutigkeit der positiven Charaktermerkmale, die der Text ihr zuschreibt, auch das Bild der Mutter nicht frei von Ambivalenz. Auch sie, die den Vater um 33 Jahre überlebt, das Geschäft bis zum Alter von 82 Jahren weiterführt und erst im Alter von 89 Jahren stirbt, bleibt eine Angehörige der Tätergeneration. Ohne es ihr vorzuwerfen, konstatiert dies der Text.

4.4 Die Schwester

Wenn es darum gehe, Männerblicke auf Frauen zu beschreiben, so lautet eine ältere Kritik an Uwe Timm, versage sein kritisches Erzählbewusstsein häufig. Denn sie seien **klischeehaft und affirmativ**.[152] Die Hoffnung der zitierten Kritikerin, mit Lena Brückner, der Protagonistin aus der Novelle Die Entdeckung der Currywurst[153] beginne eine neue Phase im Werk Uwe Timms, **in der die Welt der Frauen genauso vielfältig vertreten ist, wie die der Männer**[154], bestätigt sich in Am Beispiel meines Bruders annähernd. Neben der Mutter ist es hier vor allem die Schwester, der längere Passagen des Textes gewidmet sind, und dabei spielt die kritische Abkehr von einer männlichen Sichtweise – der väterlichen – eine entscheidende Rolle: **Die Fotos zeigen den Vater mit dem Jungen, auf dem Schoß, auf dem Motorrad, im Auto. Die Schwester, die zwei Jahre älter war als der Bruder, steht unbeachtet daneben.** (17) Dieses Desinteresse des Vaters an seiner Tochter dokumentieren auch alle anderen Familienfotos, von denen ihn keines in körperlichem Kontakt mit ihr zeigt, er hat sie **nicht im Arm, nicht an der Hand, nicht auf dem Schoß** (48). Nicht nur die Schwester selbst, auch die Beobachtungen des Erzählers und die Aussagen der Mutter bestätigten das: **Der Vater, erzählte die Mutter, hatte sich so einen Jungen gewünscht, mit dem Mädchen hätte er nichts anfangen können.** (48)

Wie bei den anderen Familienmitgliedern, so wird auch bei der Schwester die Frage nach ihren Wünschen gestellt. Diese, so heißt es, seien in der Familie kaum bemerkt worden, **auch von der Mutter nicht** (48). Vorrangig [hier stehen geblieben] ist der Wunsch nach **Zuwendung, Zärtlichkeit, ein Ernstgenommenwerden** (49), dessen Erfüllung ihr nicht nur in der Familie, sondern auch in ihren späteren Beziehungen zu Männern versagt bleibt. Ihr Verlobter, auf den sie nach dem Krieg jahrelang gewartet hat, stirbt 1951 in russischer Kriegsgefangenschaft. Ein Juwelier aus dem Wohnviertel der Eltern, **der dem Vater ähnlich sieht, groß, blond, gut aussehend** (49) und mit dem sie sich verlobt, entpuppt sich als Scharlatan. Er hat noch zwei weitere Verlobte, was den Vater, für den das Verhalten seiner Tochter **Dämlichkeit** (49), **ein Skandal, eine Peinlichkeit** ist (50), veranlasst, seiner bereits 32-jährigen Tochter den Kontakt zu ihm zu verbieten.

Staunend verfolgt der Erzähler als Kind, wie seine Schwester dem übermächtigen Vater, der in der Familie bestimmt, *was sich gehörte* und *was sich nicht gehörte* (50), mit **Protest, Auflehnung, Widerspruch** begegnet (50). Erst verspätet kann er jenes Verständnis für ihre Situation aufbringen, das dem Vater fehlte: **Aber sie war nicht dumm, sondern bis zur Blindheit verliebt. Sie wollte nicht sehen, sondern eben das – nur fühlen, sich selbst spüren [...]** (49). Wie der Bruder, wenn auch auf völlig andere – nämlich geschlechtsspezifische – Weise, ist die Schwester Opfer einer patriarchalischen Familienkonstellation. Im Gegensatz zu ihren männlichen Geschwistern wird sie als Person marginalisiert. Ohne Ausbildung und Ehemann bleibt sie ein Leben lang an die Familie gebunden, sieht **schon früh keine Möglichkeit der Korrektur** (52). Erst 72-jährig, nachdem sie bereits eine Krebsoperation hinter sich hat, widerfährt ihr dann, **was sie ihr Lebensglück nannte,** *den Mann* **kennengelernt zu haben** (139). Sie genießt dieses Glück noch zweieinhalb Jahre bis zu ihrem Tod. Ihren späteren Versuch, Frieden mit dem Vater zu finden, ihn zu entlasten, als **fürsorglich** zu beschreiben, kommentiert der Erzähler mit dem Satz: **Sie wollte es so sehen, und ich sagte ja und vielleicht** (54).

Mit der Geschichte seiner Schwester erzählt Uwe Timm ein Frauenschicksal, das für die Generation, der sie angehörte, keinesfalls untypisch ist. Dies kritisch und nicht ›klischeehaft‹ zu tun, erfordert einen anderen als den destruktiven männlichen Blick, unter dem die Schwester aufgewachsen ist. Wie die in der Erzählung verstreuten Passagen mit der Betrachtung eines Fotos der Schwester beginnen, so enden sie mit dem Blick auf ein anderes Foto, das sie mit ihrem späteren Geliebten, dem verwitweten Hausarzt der Familie, zeigt und das dem Erzähler buchstäblich die Augen öffnet:

> Sie fuhren gemeinsam nach Sylt. Und wenn ich das Foto sehe, wie sie dasteht, die Haare im Wind, mit einem kühnen Lächeln, ist sie nicht vergleichbar mit der Schwester, die ich bis dahin gekannt und mit den Augen des Vaters gesehen hatte. (140)

4.5 Der Erzähler

Uwe Timms Rekonstruktion der eigenen Rolle in der Familienbiografie ist durch ein Austarieren von Nähe und Distanz geprägt. Der Erzähler ist als Mitglied der Familie Timm in deren Geschichte emotional verstrickt und gleichzeitig ein Nachgeborener, der die kritische Aufarbeitung dieser Geschichte betreibt. Die erklärte Absicht, der **Gefahr, glättend zu erzählen,** zu entgehen (36), findet ihren Niederschlag nicht nur im Versuch einer Balance zwischen identifikatorischem und kritischem Blick auf die anderen Familienmitglieder. Auch sein eigenes Ich wird Gegenstand einer entsprechenden Analyse und erhält folglich unterschiedliche Namen: **das Kind, der Junge, Ich.** Drückt sich in der Verwendung der dritten Person zwar der Versuch eines objektivierenden Blicks auf die eigene Geschichte aus, so zeigt dieses Bemühen aber auch, dass ein solcher Blick letztlich gebrochen bleiben muss. So wird das erste Bild, das sich dem Erzähler eingeprägt hat und mit dem er die Erzählung einleitet, in der Ich-Form erinnert: Es ist das **Wissen von mir selbst** (7), das Bewusstsein eigener Identität, das sich hier konstituiert. Entsprechend benennt der Erzähler das Motiv seines Schreibens. Es reduziert es nicht auf den Versuch, sich den Mitgliedern seiner Familie schreibend anzunähern oder Distanz zu ihnen zu gewinnen, nicht auf den Wunsch, sein Wissen über sie auszubauen, sondern es geht gleichzeitig darum, dieses als fundamental erinnerte Wissen um seine eigene Person zu erweitern: **Sich ihnen schreibend anzunähern, ist der Versuch, das bloß Behaltene in Erinnerung aufzulösen, sich neu zu finden.** (18) In diesem Sinne ist die Erzählung Teil eines autobiografischen Projekts (vgl. Kap. 1).

Zu Recht hat Micha Brumlik darauf hingewiesen, dass Timms Erzählung die Frage einer **sich nur allmählich lösenden Traumatisierung der Ge-**

neration der um 1940 geborenen Deutschen thematisiere, jener Generation also, die den Zweiten Weltkrieg im frühkindlichen Alter erlebt habe. Im Vergleich zu den Angehörigen der Tätergeneration hätten es diese Kinder der Täter schwerer, da es ihnen nicht möglich gewesen sei, eigene Erfahrungen zu machen.[155] Und in der Tat berichtet der Erzähler schon zu Beginn über eine derartige Erfahrung: den **hin und wieder** erlebten Traum von der gesichtslosen Gestalt des Bruders, die erfolglos versucht, **in die Wohnung ein[zu]dringen** (10), während er selbst diese Gestalt zurückdrängen will. Dieses Bild einer Traumatisierung und versuchten Verdrängung (vgl. Kapitel 5.3) steht in unmittelbarem Kontext zu anderen Passagen. Sie berichten von dem mehrmals erfolglos unternommenen Versuch, über den Bruder zu schreiben (8), vom **ängstliche[n] Zurückweichen** vor dem grauenhaften Inhalt seiner Tagebuchaufzeichnungen (9) und von der Rücksichtnahme auf Mutter und Schwester, welche es verbot, **frei über ihn [den Bruder; C. K.] zu schreiben, alle Fragen stellen zu können** (10). Der Entschluss, nach dem Tod der Schwester, der **letzte[n], die ihn kannte** (10), dieses Projekt endlich in die Tat umzusetzen, kommt – bildlich gesprochen – einem Öffnen der Tür gleich, durch die sich der Gesichtslose ins Leben des Erzählers zu drängen versucht. Sich der verdrängten Geschichte des Bruders zu öffnen, bedeutet aber auch, sich der Geschichte des Vaters und der eigenen Geschichte zu stellen, die untrennbar mit der Familiengeschichte verbunden sind:

> Beide begleiten mich auf Reisen. Wenn ich an Grenzen komme und Einreiseformulare ausfüllen muss, trage ich sie mit ein, den Vater, den Bruder, als Teil meines Namens, in Blockschrift schreibe ich in die vorgeschriebenen Kästchen: Uwe Hans Heinz. (19)

Zu Beginn der erinnerten Lebensreise des Erzählers steht nicht nur die Erfahrung des Eins- und Aufgehobenseins im Kreis der Familie und in den Händen des Bruders, sondern zugleich die des Getrenntseins. Grundlage dieser Trennung ist der Vergleich zwischen seinen Söhnen, den der Vater immer wieder vornimmt. Während der verstorbene Karl-Heinz dem jüngeren Uwe immer wieder als **Vorbild** beschrieben wird, während er, wie Fotos zeigen, **viel mit dem Vater zusammen war** (17), glaubt der Vater von Uwe, **er sei zu viel unter Frauen** (17). **Ich war das, heißt es im gleichen Zusammenhang, was man damals ein *Muttersöhnchen* nannte. Ich mochte den Duft der Frauen, diesen Geruch nach Seife und Parfum, ich mochte und suchte – eine frühe Empfindung – die Weichheit der Brüste und der Schenkel.** (18) Zwischen dieser Affinität des Kindes zum weiblichen Geschlecht und den am Bild des Männlichen, Soldatischen orientierten Erziehungszielen des Vaters besteht ein Widerspruch, den das Kind spürt und der dazu führt, dass es sich vom Vater zurückgesetzt fühlt: **Der Karl-Heinz,** der große Junge, warum ausgerechnet der. Und dann schwieg er, und man sah ihm das an, den Verlust und die Überlegung, wen er wohl lieber an dessen Stelle vermißt hätte. (18)

Uwes Entwicklung ist gekennzeichnet vom Versuch des Vaters, ihn im Sinne seiner Ideale zu erziehen. Als Fünfjähriger lernt er **die Hacken zusammenschlagen und einen Diener machen** (23), was ihm wenig später, als am 23. April 1945 amerikanische Soldaten in die Stadt rücken, ebenso **leise und beschwörend** wieder verboten wird wie **Heil Hitler zu sagen** (23). Knapp zwei Jahre zuvor, am 22. Juli 1943, hat der damals dreijährige Uwe den Feldpostbrief seines Bruders erhalten, in dem es heißt: **Wie die Goldmutsch mir schrieb willst Du alle Russen totschießen und dann mit mir türmen.** (55) Die Fragen des Erzählers, wer ihn in diesem Sinne erzogen hat, werden mit dem Hinweis auf die **selbstverständliche Rede** (55) und die Umgebung beantwortet, in der er groß wird: **der Vater, der auf Urlaub gekommen war, [...] die anderen Militärs, die Nazifunktionäre, die bei Frau Schmidt, Witwe des Kreisleiters, bei der wir wohnten, ein und aus gingen.** (24)

Einzig die Mutter bleibt von diesem Erklärungsversuch ausgenommen, wenngleich sie trotz ihrer **tiefe[n] Abneigung** gegen den Krieg nicht vor einer **gewissen[n] Faszination** gegenüber dem äußeren **Erscheinungsbild** des Militärischen gefeit gewesen sei (vgl. 24). Neben einzelnen **frühen Bilder[n]** von Aufenthalten im Luftschutzraum (vgl. 37) und von dem nach der Bombardierung durch die Alliierten brennenden Hamburg (35) sind es vor allem Erinnerungen an eine autoritäre Erziehung, von denen der Erzähler berichtet: Erinnerungen an Prügel des Vaters (144) und der Lehrer (145), an das als gewaltsam empfundene *Schreibenlernenmüssen* (145), an eine pädagogische Ordnung, in der dieselben Werte dominieren, die schon die Erziehung des Bruders bestimmt hatten:

> Der Junge [d. i. der Erzähler; C. K.] kann sich nicht erinnern, von den Eltern je zu einem Nichtgehorsam ermuntert worden zu sein, auch nicht von der Mutter – *raushalten, vorsichtig sein* ja, aber nicht das Neinsagen, die Verweigerung, der Ungehorsam. Die Erziehung zu Tapferkeit – die ja immer als Tapferkeit im Verband gedacht war – führte zu einer zivilen Ängstlichkeit. (69)

Es entspricht der Logik dieses Erziehungssystems, dass der Sohn in die Fußstapfen des Vaters zu treten hat, dass er, der überlebende männliche Nachgeborene, den Auftrag erfüllen muss, für den ursprünglich der gefallene Bruder vorgesehen war: **Was fehlte, jetzt, war der große Sohn, mein Bruder, der hätte helfen können. Der war Kürschner gewesen. Die Hoffnung richtete sich auf mich, der den Vater einmal entlasten würde. Der auch Kürschner werden sollte, werden mußte.** (80) Zwar kann sich Uwe dem Wunsch des Vaters zunächst nicht widersetzen – und dies, obwohl ihn der Beruf langweilt und er **nur eines im Sinn hatte, etwas anderes zu tun – schreiben, lesen** (39). Doch die Erfahrung des **Widerspruch[s] im Leben des Vaters** (77), die Erinnerung an die **Degradierung der Väter** (66), die mit dem Sieg der Alliierten **von einem Tag auf den anderen [...] klein geworden waren** (66), und die Empörung über erlittene Gewalt (vgl. 144) lassen ihn in Widerstand treten. Es ist die Faszination des in der Welt des Vaters geächteten Anderen, der **Gegenwelt zu Daheim, dieser stillen, geordneten Wohnung, in der vor meinen Ohren nie und auch sonst wohl kaum über Sexualität gesprochen wurde** (27), die den Jugendlichen durch die Straßen von Sankt Pauli laufen lässt, während ihn seine Eltern im Briefmarkenverein wähnen. Und ebenso ist seine Begeisterung für Amerika Protest gegen den Vater und seinen Antiamerikanismus: **ein Land, das Weite versprach, Ferne ahnen ließ. Eine Gegenwelt zu dem Trümmerland, mit seiner quetschenden Enge, seinen Vorschriften und Anordnungen.** (86) Der mithilfe der Mutter und Massas, des Vaters Chauffeur, vom vierzehnjährigen Uwe gegen den Vater **nach einem monatelangen zähen Kampf** (86) durchgesetzte Kauf der ersten Jeans steht symbolisch für den Widerstand, für das erste erfolgreiche Auflehnen gegen die väterliche Autorität.

Er steht für den Wunsch des Heranwachsenden, einen anderen Weg einzuschlagen als sein Bruder, der ihm nach Aussagen des Erzählers ähnlich gewesen sein muss: fantasiebegabt, lesesüchtig (vgl. 39), **verträumt und darum ein schlechter Schüler** (32, vgl. 145), **wahrscheinlich [...] ein so ängstliches Kind wie ich** (54). Dieser hatte sich als Jugendlicher **Schnürstiefel gewünscht, wie sie damals Piloten trugen, Motorradfahrer, SA-Männer. Er sparte sein Taschengeld, bis er sich die Stiefel kaufen konnte.** (86) Wie die Jeans symbolisieren diese Stiefel eine Welt, in die der Bruder fraglos hineingewachsen ist, der der Erzähler – hierin fast so etwas wie sein Alter Ego – hingegen zu entkommen sucht.

Die Selbstdefinition und bewusst gestaltete Ich-Entwicklung des Erzählers erfolgt also vor dem Hintergrund einer Negativfolie: dem Beispiel seines Bruders. Was er im Leben des Bruders verzweifelt, aber letztlich erfolglos sucht – ein Anzeichen für den **Mut, allein auf sich gestellt nein zu sagen** (147) –, wird zum handlungsleitenden Imperativ dieser Ich-Entwicklung. Doch korrespondiert diese Erkenntnis des Erzählers mit dem Bewusstsein seines Verstricktseins in einander entgegensetzte Wunsch-Systeme. Seine **Bewunderung für die Genossen, die im KZ gewesen** und in der Adenauer-Ära, zu Zeiten des KPD-Verbots, **ungebrochen weiterkämpften**, so erkennt er später, hat **ihren Beweggrund auch in den von dem Vater eingeforderten** *alten* **Tugenden: Stetigkeit, Pflichterfüllung, Mut [...]**. Der spätere Entschluss, **die Partei** [d. i. die DKP; C. K.] **zu verlassen,** bleibt trotz besserer

Einsicht mit dem **quälende[n] Gefühl** verbunden, **einen Verrat zu begehen** (146). Die für die Generation des Erzählers typische Traumatisierung,[156] von der zu Beginn dieses Abschnitts die Rede war, wird erst am Ende der erzählten Zeit manifest. Auf einem vom Börsenverein des Deutschen Buchhandels vermittelten und mit einer Lesung in Kiew verbundenen Besuch in der Ukraine, bei dem er den auf ihn übergegangenen Wunsch der Mutter (vgl. 119) zu verwirklichen versucht, das Grab des Bruders auf einem Soldatenfriedhof in Snamjenka zu besuchen, erleidet er im Hotel einen Schmerzanfall in beiden Beinen. Später, bei der Lesung, sogar an beiden Augen (vgl. 122). **Seit ich an diesem Buch arbeite,** heißt es mehr als zwanzig Seiten nach dem Bericht über diese und weitere Schmerzattacken,

> […] seit ich Tag für Tag das Grauen lese, das Unfaßliche, habe ich Augenschmerzen. […] ich, der einer Generation angehört, der man das Weinen verboten hatte – ein Junge weint nicht –, weine, als müßte ich all die unterdrückten Tränen nachweinen auch über das Nichtwissen, das Nichtwissenwollen, der Mutter, des Vaters, des Bruders […]. Sie haben nicht gewußt, weil sie nicht sehen wollten, weil sie wegsahen. (143)

Die Deutung des Schmerzes, dessen natürliche Ursache **ein Abriss der Hornhaut** ist (143), als Symptom einer anderen Krankheit, die auf der Verdrängung des Grauens und seiner Ursachen beruht,[157] liegt nahe. Timms autobiografisches Schreiben erscheint vor diesem Hintergrund als politisch-aufklärerischer und selbsttherapeutischer Akt zugleich:

> Über die Leiden zu schreiben, über die Opfer, das hieße auch die Frage nach den Tätern zu stellen, nach der Schuld, nach den Gründen für Grausamkeit und Tod – wie es eine Vorstellung gibt von den Engeln, die über all die Schandtaten und Leiden der Menschen Buch führen. Wenigstens das – Zeugnis ablegen. (120)

4.6 Weitere Personen

Alle weiteren in der Erzählung erwähnten Personen sind unter dem Gesichtspunkt der Familiengeschichte Nebenfiguren. Sieht man einmal von im Text erwähnten historischen Persönlichkeiten sowie den Großeltern, Freunden der Schwester und anderen Personen aus dem familiären Umkreis ab, so sind es vor allem Figuren aus der Elterngeneration, die eine bemerkenswerte Rolle spielen, insofern sie für unterschiedliche Varianten des Umgangs mit der Vergangenheit stehen. Auffällig ist dabei, dass der Erzähler – außer der Mutter, für die dies immerhin eingeschränkt zutrifft – nur wenige Erwachsene erwähnt, die dem Geschichtsbild des Vaters etwas entgegenzusetzen haben. Ein Onkel, der sich freiwillig zur SS gemeldet hat und als *Hundertfünfzigprozentiger* (128) gilt, der Kürschnergeselle Kruse, der die Geschichte von der Erschießung zweier russischer Kriegsgefangener ohne Anflug von Reue wie etwas Alltägliches erzählt (vgl. 126 f.), die namentlich nicht erwähnten Freunde und Gesinnungsgenossen des Vaters wie der **Rittmeister** (41) sind Repräsentanten der **Tätergeneration, die vom Erzählen oder vom Verschweigen [lebte]** (99).

Zu den wenigen Ausnahmen gehört Massa, Mädchen für alles und Chauffeur im Betrieb des Vaters, **der erste Kommunist, den ich kennenlernte** (76), den der Vater nach drei Jahren wegen geschäftlicher Schwierigkeiten entlassen muss. Er hilft dem vierzehnjährigen Uwe nicht nur in der Auseinandersetzung um den Kauf der ersten Jeans (vgl. 86), sondern von ihm heißt es auch, dass er **zu Kindern wie Erwachsenen gleichermaßen sprach, mich also ernst nahm** (76). Ähnliche Helferfiguren oder gar positive Vorbilder im Sinne einer Erziehung zu moralischer Autonomie, zum **Non servo**, sind in der Erzählung die Ausnahme. Namentlich erwähnt wird ein Deutsch- und Geschichtslehrer, **Herr Bohnert, der einzige Lehrer an der Schule, der in der Nazizeit aus politischen Gründen aus dem Schuldienst entlassen worden war** und dessen Thematisierung der NS-Verbrechen und ihrer Ursachen, dem *Kadavergehorsam und [...] Militärfimmel der Deutschen* (67), vom Vater als **anbefohlene** *Umerziehung* (67) zurückgewiesen wird.

Während es Uwe in der Nachkriegszeit dennoch möglich ist, sich an Gegenwelten zu orientieren, während er die **wortgewaltige Empörung** des Vaters als Ausdruck von **Hilflosigkeit** durchschaut (vgl. 67), bleibt dem Bruder diese Möglichkeit versperrt.

4.7 Zusammenfassung: Die familiäre Personenkonstellation

Deutlich dominant gegenüber den Beziehungen zu allen anderen in der Erzählung erwähnten Personen sind die Beziehungen innerhalb der Herkunftsfamilie des Erzählers. Für die Familienkonstellation ergibt sich das Bild einer von der Vaterfigur dominierten Gruppe, deren Dynamik durch den Tod des Bruders entscheidend beeinflusst wird. Der Vater lehnt seine Tochter im Grunde deshalb ab, weil sie kein Junge ist, und vermittelt dem um 16 Jahre jüngeren Uwe den Eindruck, dass er ihn **lieber an dessen Stelle vermisst hätte** (18). Die Mutter kann dieses Defizit an emotionaler Zuwendung zwar teilweise kompensieren, eine entscheidende Rolle im hierarchischen Gefüge der Familie ist ihr aufgrund ihres traditionellen Ehe- und Familienverständnisses jedoch nicht möglich.

Das Scheitern des Vaters ist ein Scheitern in doppelter Hinsicht: dem misslungenen ökonomischen Aufstieg korrespondiert das Festhalten an einem Wertesystem, dessen Unwert historisch erwiesen ist. Die Fixierung auf den gefallenen älteren Sohn als vermeintlichen Träger dieses Wertesystems reflektiert dieses Festhalten auf der familiär-emotionalen Ebene. So bildet der unausgetragene Dialog mit dem jüngeren Sohn, dem Erzähler, der in ihm bei aller emotionalen Ambivalenz den Repräsentanten einer an der Auseinandersetzung mit ihrer Schuld gescheiterten Generation sieht, eine entscheidende Konfliktlinie der Erzählung. Ebenso wie der Versuch, sich dem Bruder schreibend anzunähern, führt das Bemühen, die andere Seite des Vaters zu sehen, den Erzähler auch im übertragenen Sinne **an Grenzen** (19). Weder kann er den abgebrochenen Dialog mit dem Vater wiederaufnehmen, noch wird er mit letzter Gewissheit erfahren, wie weit sein Bruder tatsächlich in die Verbrechen des Nationalsozialismus verstrickt war und ob er am Ende wirklich zu besserer Einsicht gelangt ist.

Im Vergleich zu den Lebensgeschichten der beiden männlichen Familienmitglieder werden diejenigen der Mutter und selbst der Schwester als mehr oder weniger tragische Geschichten mit versöhnlichem Ausgang erzählt. Die Schwester findet trotz eines bis dahin unglücklichen Lebens in den Jahren vor ihrem Tod die Liebe ihres Lebens, die Mutter erscheint in der Erzählung trotz allen Leids, das sie in ihrem Leben zu ertragen hatte, als ausgeglichener, jedenfalls nicht unglücklicher Mensch. Letzteres wird man auch vom Erzähler selbst sagen können, der sich zwar als Symptomträger einer Krankheit beschreibt, die auf traumatische Erfahrungen innerhalb der eigenen Familiengeschichte zurückzuführen ist, sich diesen Erfahrungen aber durch die Familienrecherche und im Akt des Erzählens stellt.

5 Exemplarische Textanalysen

Eine gewisse Schwierigkeit bei der Isolierung einzelner Textstellen in Timms Erzählung hängt mit seiner Montagetechnik zusammen. Innerhalb des Gesamttextes gibt es ein komplexes Verweissystem und dies gilt auch für den Zusammenhang kleinerer Abschnitte im Rahmen überschaubarer Textteile. Kernstellen zu isolieren, die sich durch die relative Abgeschlossenheit einer Episode oder einer thematischen Abhandlung und Repräsentativität für das Ganze der Erzählung auszeichnen würden, ist deshalb schwierig. Denn oft entfaltet ein einzelner Abschnitt erst in Kombination mit anderen Textpassagen – auch solchen, die nicht unmittelbar auf ihn folgen – sein Bedeutungspotenzial. Dies gilt auch für die nachfolgend analysierten Kombinationen von Textblöcken, die nicht nur intern, sondern auch untereinander eine Reihe von semantischen Bezügen aufweisen.

5.1 Der Anfang der Erzählung (S. 7–12)

Eine Einleitung oder Exposition im traditionellen Sinn kann man in der Erzählung nicht ohne Weiteres ausmachen. Denn von Beginn an werden heterogene Elemente – Erinnerungsfetzen und Reflexion des Autors, Briefe und Tagebucheintragungen des Bruders usw. – miteinander kombiniert. Dennoch tauchen schon auf den ersten Seiten die entscheidenden Personen auf, findet hier eine Darlegung der Verhältnisse statt, aus denen sich die Problemlage ergibt. Außerdem setzt der Eintritt des Bruders in die Waffen-SS, der als unmittelbarer Auslöser einer Kette entscheidender Ereignisse gelten kann, eine deutliche Zäsur am Ende des 20. Abschnittes (vgl. 12 unten). Von hier aus nimmt zwar nicht die allgemeine, aber doch die familiäre Katastrophe ihren Lauf.

Die Erzählung beginnt mit einem Topos autobiografischer Literatur, einer Art Ur-Erlebnis des autobiografischen Ichs: der ersten Erinnerung des Erzählers an eine Begebenheit aus seinem eigenen Leben, dem **erste[n] Bild, das sich mir eingeprägt hat** (7). Gleichzeitig hält dieses Bild die einzige im Gedächtnis des Erzählers gespeicherte Begegnung mit seinem Bruder fest: **Erhoben werden – Lachen, Jubel, eine unbändige Freude** (7). Es ist der Bruder, der, wahrscheinlich auf Fronturlaub, sich vor Uwe versteckt hat, dann plötzlich hervorkommt und ihn in die Luft hebt. Diese Szene, mit der für den Erzähler **das Wissen von mir selbst, das Gedächtnis** (7) einsetzt, beschreibt zunächst einen Zustand ursprünglicher Harmonie: **dieses Gefühl, ich werde hochgehoben, ich schwebe.** (7) Neben dieser vom autobiografischen Ich **ganz deutlich** (7) erinnerten Situation ist es jedoch vor allem der prekäre Status autobiografischer Erinnerung, den der erste Abschnitt thematisiert. Was die Mutter, der Vater, die Schwester gesagt haben, wohin sie geblickt haben, was der Bruder, dessen blonde Haare sich Uwe eingeprägt haben, anhatte, kann dieser im Nachhinein nur vermuten. Weniger als reale Person, eher als Phantom ist der Bruder in der erinnerten Szene präsent:[158] **An sein Gesicht kann ich mich nicht erinnern** (7). Auch dass der **weiße Schrank**, der in der Küche steht, ein **Besenschrank** gewesen sei (7), weiß Uwe nur aus späteren Berichten der Familienmitglieder. In seinem eigenen Gedächtnis ist allein das kindliche Gefühl ursprünglicher Ich-Grandiosität und elementaren Aufgehobenseins gespeichert, das mit dem Wissen um die Anwesenheit des Bruders verbunden ist.

In scharfen Kontrast zu dieser ersten und **einzige[n] Erinnerung an den 16 Jahre älteren Bruder** (7) stehen die Informationen der nächsten drei Abschnitte, die von der schweren Verwundung und dem Tod des Bruders im September und Oktober 1943 handeln. Während am Anfang Gefühl und Emphase vorherrschten, dominiert hier ein nüchterner Berichtstil. Der Brief des Bruders über seine Verwundung stellt das katastrophale Ereignis wie etwas Alltägliches dar, um das es sich viel Aufhebens zu machen nicht lohnt. Auffällig ist bereits hier, dass sich die Anrede allein an den Vater richtet und dass im abschließenden Gruß die Schwester als einziges Familienmitglied nicht erwähnt wird. Der sprachlichen Unbeholfenheit des Verfassers, die in zahlreichen orthografischen Fehlern zum Ausdruck kommt, scheint außerdem eine emotionale zu korrespondieren: Floskelhafte Wendungen (**tröste die Mutti es geht alles vorbei [...] Nun will ich schließen,** 8) und die Versicherung, nicht selbst die Schuld an seiner Verwundung zu tragen (**ich bin nicht waghalsig gewesen,** 8), ersetzen den Ausdruck eigener Gefühle.

Lässt sich bereits anhand dieser ersten Textblöcke das kontrastive Erzählverfahren Timms beobachten, so folgen auf den Seiten 8 (Mitte) bis 10 (oben) mehrere Abschnitte, in denen der Erzähler über Anlass und Aufschub seines Erzählvorhabens reflektiert: Es ist die zentrale Position des toten Bruders im Gedächtnis der Familie, die seinen Wunsch auslöst, über ihn zu schreiben. **Abwesend und doch anwesend** (8) begleitet er in den Erzählungen der Eltern seine eigene Kindheit. **Mehrmals habe ich den Versuch gemacht, über den Bruder zu schreiben.** (8) heißt es zu Beginn der Abschnitte, die die Gründe für diesen Wunsch und die Schwierigkeiten thematisieren, ihn in die Tat umzusetzen. Letztere werden erklärt mit der Angst vor der Konfrontation mit dem Grauen und der Rücksicht auf Mutter und Schwester. Erst nach deren Tod fühlt sich Timm frei, **alle Fragen stellen zu können, auf nichts, auf niemanden Rücksicht nehmen zu müssen.** (10)

Die Nachhaltigkeit seines Wunsches, das Geschehene zu verdrängen, verdeutlicht der Erzähler anhand einer Kindheitsepisode und eines Traums, den er **hin und wieder** (10) auch als Erwachsener noch träumt. Beim Vorlesen des Grimm'schen Märchens vom Ritter Blaubart (vgl. Mat. 12)[159] bittet das Kind die Mutter, den grausamen Schluss auszusparen. Erst als Erwachsener traut er sich, diesen zu lesen, der von der Unmöglichkeit handelt, das Grauen aus dem Gedächtnis zu bannen und in dem Blaubarts Frau der ›Begierde‹ nachgibt, das Zimmer zu öffnen, in welchem der Ritter die Leichen seiner ermordeten Ex-Gattinnen aufgehängt hat. Interessant ist, dass TIMM nur die Grauen erregende Stelle zitiert, in der Blaubarts Gattin das Zimmer betritt, nicht den wirklichen Schluss des Märchens. Dort nämlich wird sie von ihren drei Brüdern gerettet. Gerade das Fehlen eines solchen – wenn auch im Märchen seinerseits gewaltsamen – Happyends steht für das Unverarbeitete und Verdrängte der TIMM'SCHEN Familiengeschichte.

Um ein verschlossenes Zimmer geht es auch in den erinnerten Traumsegmenten (vgl. hierzu ausführlicher Kap. 5.3). Diesmal steht der Bruder, der es von außen zu öffnen versucht, für das gesichtslose Grauen, das sich Zugang zum ›Bewusstseinszimmer‹ des Erzählers verschaffen will, was dieser gewaltsam zu verhindern versucht. Beide Passagen, zwischen denen Reflexionen über den Erzähllaufschub stehen, sind verknüpft durch das Bild der verschlossenen Tür und das Motiv der Verdrängung, das in Opposition steht zum Wunsch, über den Bruder zu erzählen. Dass sich dieser Wunsch schließlich gegen das Vergessen durchsetzt, verdankt sich der Einsicht des Erzählers, dass seine eigene Geschichte untrennbar mit der des Bruders verbunden ist: **Der Bruder und ich** (10).

Wie TIMM in seiner Erzählung immer wieder unterschiedliche Textsorten (Schilderung, Bericht, Brief, Märchentext, Traumprotokoll usw.) miteinander kombiniert, die nicht nur als solche, sondern auch durch ihre Kombination ein spezifisches Potenzial an Konnotationen entfalten, wird auch an der Schilderung des ersten, missglückten Versuchs des Bruders, sich freiwillig zur Waffen-SS zu melden, deutlich (vgl. 11–12). Dieser schließt den hier (re-)konstruierten Erzählanfang ab, wobei der Stil, in dem er verfasst ist, in ebenso scharfem Kontrast zu dessen nüchtern berichtenden Passagen steht wie das erwähnte Traumprotokoll.

Der Bruder hat sich auf dem Weg zur SS-Kaserne in Hamburg-Ochsenzoll verlaufen und begegnet einem eigenartigen, später von zwei Polizisten als ›**Irrer**‹ bezeichneten Mann, den er nach dem Weg fragt. Dieser fordert ihn auf, ihm zu folgen, führt ihn aber offenbar in eine andere Richtung als die erwünschte – eine Begebenheit, die als möglicher, aber verfehlter Wendepunkt im Leben des Bruders erscheint. Dabei steht die romantische Szenerie des Dezemberabends für die Offenheit, aber auch für die vollständige Orientierungslosigkeit, die seine Lage prägen:

> Die Straßen waren verschneit. Es gab keine Wegweiser, und er hatte sich in der einbrechenden Dunkelheit verlaufen, war aber weiter an den letzten Häusern vorbei in Richtung der Kasernen gegangen, deren Lage er sich auf dem Plan eingeprägt hatte. Kein Mensch war zu sehen. Er geht hinaus ins offene Land. Der Himmel ist wolkenlos, und nur über den Bodensenken und Bachläufen liegen dünne Dunstschwaden. Der Mond ist eben über einem Gehölz aufgegangen. (11)

Die unheimlichen Züge des Mondmotivs erinnern hier zunächst an dessen ›Verwundung‹ in der Volksballade,[160] werden aber im weiteren Verlauf der Episode mit dem Auftreten des Irren ins Groteske gesteigert. Angekündigt und dramatisch akzentuiert wird dieses Auftreten durch den Tempuswechsel vom Präteritum zum Präsens. In Bezug auf das weitere Geschehen hat die Szene den Charakter einer symbolischen Vorausdeutung. Denn mit dem Morphem ›tot‹ wird das Schicksal des Bruders angezeigt: **Ja. Wir gehen zum Mond, da, der Mond lacht, er lacht, weil die Toten so steif liegen. [...] So wurde er Panzerpionier in der *SS-Totenkopfdivision*. 18 Jahre war er alt.** (12)

Doch ist dies nicht der einzige Bezug, in dem die Episode zum Kontext der übrigen Erzählung steht. Außerdem verweist die Verbindung von Wahnsinn und Wahrheit in der Figur des **Irren** auf jene ›tragische Erfahrung‹ der ›Unvernunft‹, die sich in literarischen Figuren wie Werther, Woyzeck oder Tasso spiegelt: **eine Wahrheit über den Menschen, die sehr archaisch und sehr nahe, sehr schweigend und sehr bedrohlich ist.**[161] Diese Wahrheit der ›Anormalen‹ steht in Opposition zur ›Normalität‹ des Täterbewusstseins, das im weiteren Verlauf der Erzählung zu einem zentralen Thema wird (vgl. den Rekurs auf Brownings GANZ NORMALE MÄNNER). Weil diese vermeintliche Normalität nicht als das eigentlich Anormale durchschaut wird, nimmt die Katastrophe ihren Lauf.

5.2 Der Schluss der Erzählung (S. 151–155)

In seinen ERZÄHLEN UND KEIN ENDE betitelten Vorlesungen weist UWE TIMM auf den Zusammenhang zwischen Erzählanfang und Erzählschluss hin: **Beide verweisen strukturell aufeinander. Das literarische Erzählen ist eben nicht zufällig, es schafft – durch seine Struktur – neue Bedeutung, die es in der Zerstreutheit des Alltags so nicht gibt.**[162]

Am Schluss kombiniert der Erzähler noch einmal alle Textelemente, die in der Erzählung vorkommen: Traum- und Reisenotizen, Aufzeichnungen des Bruders, Verweise auf einschlägige Fachliteratur, Berichte aus der Geschichte der Familie. Gleichzeitig werden Motive des Erzählanfangs (Tod,

Normalität) wieder aufgegriffen. Vor allem aber geht es um eine Figur, bei der man sich fragen kann, warum nicht auch sie ebenso wie der Bruder als Titelfigur dieser Erzählung gewählt wurde und auf deren Bedeutung schon früh hingewiesen wird. Auf sie verweist die Geschichte des Bruders wie diejenige des Erzählers selbst, denn **Über den Bruder schreiben heißt auch über ihn schreiben, den Vater** (18).

Nicht völlig unvermittelt, aber doch ziemlich abrupt folgt auf S. 149, wenige Seiten vor dem Ende der Erzählung, eine Reflexion über die problematischen Wertvorstellungen in Ernst Jüngers Kriegsbericht *In Stahlgewittern* ein Schnitt, eine Rückblende in die Familiengeschichte:

> *Todesmut, Pflicht, Opfer* [...], Werte [...], die auch die Todesfabriken hatten länger arbeiten lassen ... [...] Es war eine Frage, die sich die Vätergeneration selbst nicht stellte [...].
> Die Veränderungen am Vater. Er wurde dicker, im Gesicht aufgedunsen, schwammig vom Alkohol. (149)

Noch einmal wendet sich der Erzähler dem Vater, dessen persönlichem Niedergang und schließlich dessen Tod zu. Dieser wird durch die Form der Montage mit dem **Grauen der Erinnerung** und der ›Unfähigkeit zu trauern‹ in Verbindung gebracht; einem Versagen, das für den Erzähler letztlich auf die Unfähigkeit der Vätergeneration zurückgeht, eben diese Frage nach dem möglichen Unwert der im Nationalsozialismus propagierten Werte zu stellen, **als fehle ihrem Bewusstsein dafür das Instrumentarium** (149). Dem Bericht über den gesundheitlichen und geschäftlichen Niedergang des Vaters, seinen zunehmenden Alkoholismus folgt ein knapper Abschnitt, der die Krankheit des Erzählers thematisiert: **der erste Abriss der Hornhaut an meinem rechten Auge in der Zeit, als ich das Buch von Browning las** – *Ganz normale Männer*. (150) Hier schwingt das Motiv des Nicht-Sehen-Wollens mit, das der Erzählanfang in der Geschichte vom Ritter Blaubart und dem **ängstliche[n] Zurückweichen** (9) des Kindes vor dem Grauenhaften thematisiert hat. Es ist die Erkenntnis, dass sein Bruder und sein Vater ›ganz normale Männer‹ waren und dass gerade diese Normalität, vor der der Erzähler zurückweicht, sie zu Tätern gemacht hat. Timms eigene Erkrankung ist Teil einer familiären Krankheitsgeschichte, die durch den Tod des Bruders sichtbar geworden ist. Dieser Tod ist mehr als ein Ereignis von privater Bedeutung: Er ist das Zeichen eines historischen Versagens, das über die Familiengeschichte hinausweist.

Die folgenden Fragen lassen die **Grenzen** (vgl. 19), an die der Erzähler bei seiner Recherche immer wieder stößt, noch einmal deutlich werden: **Was würde der Bruder, hätte er überlebt, zu diesem Buch *Ganz normale Männer* sagen? [...] Und was hätte er, der Vater, gesagt? Hätte er das Buch überhaupt in die Hand genommen?** (150) Wenn der Erzähler anschließend von einem Traum berichtet (vgl. hierzu ausführlicher Kap. 5.3), in dem er seinen Vater in fremdem Auftrag anzurufen versucht, um ihm etwas **von größter Wichtigkeit** auszurichten, **ohne zu wissen, was**, so steht diese Szene paradigmatisch für den dringenden Wunsch und gleichzeitig die unwiderruflich verloren gegangene Möglichkeit einer gelingenden Kommunikation:

> Am selben Morgen, nach dem Frühstück, wählte ich die Telefonnummer in Hamburg, die der Vater vor einem halben Jahrhundert bekommen hatte, die danach die Mutter und später die Schwester übernahm. [...] Ich hörte: Kein Anschluß unter dieser Nummer. (151)

Kindheit und Tod des Vaters werden in den beiden folgenden Abschnitten thematisiert – wobei der Bericht mit demjenigen über den Tod des Bruders am Anfang der Erzählung korrespondiert. Umfang und Detailgenauigkeit dieses Berichts können auch hier als Indizien für eine traumatische Erfahrung gelesen werden, doch kommt ebenso die Ambivalenz der Gefühle des Erzählers gegenüber seinem Vater zum Ausdruck. In den ersten Jahren nach seinem Tod sucht der Vater den Sohn in seinen Träumen heim, während dieser gerade an der **Entschuldung** des väterlichen Geschäftes arbeitet (153) – eine Formulierung, mit der man durchaus die Erinnerungsarbeit des Erzählers konnotieren kann: **Die Ladenglocke geht, und er kommt herein, groß und schattenhaft. Mein Entsetzen. Er hatte sich nur totgestellt.** (153) In Opposition zu diesem Entsetzen stehen die Sätze **Manchmal, sehr selten, ist er mir nahe.** (153) und **Noch immer arbeite ich – ja, arbeite – an seinen Wünschen.** (154) Ebenso wie in dieser Aussage kulminieren die Widersprüche der Beziehung des Erzählers zu seinem Vater in seinem Kommentar zu einem Bild, das den Vater als jungen Mann zeigt: **Ein Foto, an der Oberfläche brüchig und bräunlich** (153) offenbart eine **Ähnlichkeit, die auf eine eigentümliche Weise uns aufhebt, meinen Sohn und mich, zumindest auf diesem kleinen Foto und aus der Distanz der Kamera** (154).

Abgeschlossen wird die Erzählung durch Textblöcke, die wiederum unterschiedlichen Konnotationen Raum geben: Der Bericht über einen vom Erzähler auf seiner Reise in die Ukraine **am Eingang zu dem Gelände der Sophienkathedrale in Kiew** vernommenen **leisen, wehmütigen, nie gehörten Sprechgesang, der mich auf eigentümliche Weise anzog** und in dem **von gefallenen Helden und von Liebesleid** erzählt wird, verweist auf eine Möglichkeit von Überlieferung, die **uns unwiederbringlich verloren** ist (154).[163] Die Verwunderung darüber, dass der Bruder trotz des Verbots, Tagebuch zu führen, **insbesondere bei der SS** (154), dieses offenbar heimlich getan hat und dass dieses Tagebuch dennoch der Mutter von offizieller Seite zugeschickt wurde, mündet in die letztlich nicht zu beantwortende Frage nach den Motiven des Bruders für den Abbruch dieses Tagebuchs.[164]

Mit dem Schlusssatz, dem leitmotivisch verwendeten letzten Eintrag des Bruders in sein Tagebuch, wird die ungeklärte Frage der Recherche, die Frage nach der möglichen Konversion des Bruders, an zentraler Position reformuliert.

5.3 Die Träume des Erzählers

Innerhalb der Erzählung finden sich sechs Traumprotokolle des Erzählers, deren Deutung dieser dem Leser überlässt. Während es in den ersten drei Träumen (vgl. 10, 121, 137) der Bruder ist, der ihm begegnet, handeln die letzten drei vom Vater (vgl. 144, 150, 153). Bezüglich ihrer Positionierung innerhalb des Textganzen fällt auf, dass das erste Traumprotokoll fast am Anfang, das letzte kurz vor dem Ende der Erzählung steht. Hinzu kommt die Konzentration des Großteils der Traumprotokolle auf das letzte Drittel der Erzählung. Je mehr sich die Erzählzeit dem Ende zuneigt – so könnte man daraus schlussfolgern – und je deutlicher dabei wird, dass die rationale Rekonstruktion an Grenzen stößt, desto bedeutender wird der Stellenwert der Träume im Rekonstruktionsprozess. Auch stehen die Träume des Erzählers im Gegensatz zur entsprechenden Leerstelle im Tagebuch des Bruders (vgl. 28). Als Träumender ist der Erzähler seiner Mutter näher als den männlichen Mitgliedern seiner Familie. Denn im Gegensatz zu diesen wird sie als Träumende dargestellt. In der Nacht der Verwundung des Bruders träumt sie, ein Päckchen mit Verbandszeug zu erhalten, aus dem ein Strauß Veilchen fällt. Hier klingt die mythische Vorstellung vom Traum als Offenbarer der Wahrheit und Verkünder der Zukunft an.[165]

Doch welches Erkenntnispotenzial enthalten die Traumprotokolle des Erzählers? Donald Davidson vertritt in einem grundlegenden Beitrag zur Metapherntheorie die These, dass Träume – ähnlich wie Metaphern oder Witze – uns zwar dazu veranlassen können, **eine bestimmte Tatsache zu erkennen – aber nicht, indem sie die Tatsache bezeichnen oder sie zum Ausdruck bringen**.[166] Das bedeutet, dass ein Traum zwar Einsichten stimulieren kann, diese aber immer das Resultat einer – in letzter Instanz subjektiven – Sinngebung durch den jeweiligen Interpreten und nicht den Traumbildern als deren Substanz inhärent sind. Wenn ebenso wie Davidsons These außerdem die in der modernen Psychotherapie gängige Feststellung zutrifft, dass Träume **sensibel [sind] für den Zustand unserer Beziehungen zu anderen**[167] und dass sie uns dabei **immer wieder [auf] das Unverstandene, das, was wir schlecht im Griff haben, das Abgelehnte und Verleugnete**, verweisen,[168] so ist ihre Positionierung innerhalb der Erzählung zunächst ein Indiz für die offene Struktur des Textes. Denn beide unverarbeiteten Beziehungen, um die es dort geht und auf die seine Träume verweisen, diejenige zum Bruder und die zum Vater, bleiben für den Erzähler auch nach erfolgter Recherche auf der Basis der ihm zugänglichen mündlich und schriftlich überlieferten Dokumente problematisch. Jedenfalls ist das Ergebnis seiner Nachforschungen weder kathartischer Natur noch die magische Lösung der aufgeworfenen Probleme, sondern allenfalls erweiterte Selbsterkenntnis. Statt diese Selbsterkenntnis aber restlos auszuformulieren, präsentiert sie TIMM in den Traumprotokollen in literarischer – das heißt, in symbolisch verschlüsselter, vom Leser interpretativ zu erschließender – Form.[169] Da der Leser bei dieser Interpretation auf den Kontext der übrigen Erzählung verwiesen wird, ist diese Interpretation aber keineswegs beliebig. Welche Bedeutungen er den Traumbildern überhaupt zuweisen kann, hängt vielmehr davon ab, ob und wie sie zu diesem Kontext in Beziehung gesetzt werden können. Allein aus diesem lassen sich sinnvolle Hypothesen über die Bedeutung der Träume ableiten.

Gemeinsam haben alle drei Träume vom Bruder, dass in ihnen das Undurchsichtige dominiert. Im ersten Traum ist es seine Gestalt, **dunkel, verdreckt, verschlammt, eine Gestalt, die kein Gesicht hat** (10), die in die Wohnung des Erzählers einzudringen versucht, wovon dieser sie nur mit Gewalt abhalten kann. Die naheliegende Deutung, dass der Erzähler hier versucht, sein ›Bewusstseinszimmer‹ gegen die sich ihm aufdrängenden Bilder des Bruders und die mit diesen Bildern verbundene grauenhafte Geschichte von seinen Taten und seinem Tod abzuschotten, wird durch den Textzusammenhang gestützt. Wie als Kind auf das Märchen vom Ritter Blaubart, so reagiert der Erzähler als Jugendlicher und Erwachsener auf die Angst auslösende Erinnerung an den Bruder mit Abwehr und Verdrängung. Als deren symbolische Repräsentation kann der Traum gedeutet werden: **Mit aller Kraft stemme ich mich gegen die Tür, dränge diesen gesichtslosen Mann, von dem ich aber bestimmt weiß, daß es der Bruder ist, zurück.** (10) Die **rauhe, zerfetzte Jacke** (ebd.) des abgewehrten Bruders, die der Erzähler am Ende dieses Traums in den Händen hält, kann für das Scheitern des Verdrängungsversuchs stehen, die fortdauernde ›abwesende Anwesenheit‹ des Bruders. Dessen Gesichtslosigkeit im Traum wiederum kann das Nichtwissen des Erzählers um seine moralische Identität symbolisieren. Die alle Traumsequenzen beherrschende Dunkelheit schließlich lässt sich als Ort des Verdrängten und Vergessenen verstehen.

So stammt Lethe, jene weibliche Gottheit aus der griechischen Mythologie, die mit Mnemosyne, der Göttin des Gedächtnisses, ein Gegensatzpaar bildet, aus dem Geschlecht der Nacht.[170]

Vom Preis der Verdrängung handelt der zweite Traum, in dem ähnliche Motive dominieren wie im ersten. Auch hier ist das Bild des Bruders **schattenhaft**, der **dunkle** Inhalt des Traums kann vom Erzähler nicht erinnert werden (vgl. 121). Was aber signifikant auf die Person des Bruders hinweist, ist **ein unerträglicher Schmerz** in beiden Beinen (121), der den Erzähler in einen Schreckzustand versetzt und zunächst am Aufstehen hindert – ein Phantomschmerz, der ihn als Symptomträger einer Krankheit ausweist, die mit eben diesem Verdrängungsprozess einhergeht. Dabei verweist der Schmerz unmittelbar auf die Person des Bruders, seine schwere Verletzung, die Amputation seiner Beine und seinen Tod.

Das Motiv der Dunkelheit taucht auch im Zusammenhang mit der Augenkrankheit des Erzählers auf. Sie breitet sich aus **unter beiden Augen, als hätte ich Schläge bekommen** (122), nachdem sie zum ersten Mal bei der Lektüre von Brownings GANZ NORMALE MÄNNER aufgetaucht ist – dem Buch, das dem Erzähler buchstäblich die Augen öffnet über **das Grauen, das Unfassliche** (143), das er zu verdrängen versucht hat. Das gewaltsame Öffnen der Augen stünde dann für den mit dem Zulassen der Erinnerung und der Erkenntnis verbundenen Schmerz.

Der rätselhafteste der Träume über den Bruder ist der dritte, der in der Erzählung nicht einmal als solcher benannt wird, sondern unvermittelt zwischen einem Bericht über Brownings GANZ NORMALE MÄNNER und einem Abschnitt über das Lawra-Kloster in Kiew auftaucht (letzteres besucht der Erzähler auf seiner Reise in die Ukraine). Auch dieser Traum, in dem der Erzähler von der Stimme des Bruders, die vom Ende eines langen Ganges herkommt, gerufen wird, enthält das Motiv des Dunklen, Gesichtslosen. Der Weg durch den Gang führt zwar ins Freie, aber draußen stehen in einem Garten **mehrere Menschen [...] wie auf einem Negativbild, die Schatten waren weiß, die Gesichter schwarz und nicht zu erkennen** (137). Auch das Gesicht des Bruders, den der Erzähler als einzige Person aus der Gruppe zu erkennen scheint und der ihn bittet, **etwas für ihn zu singen** (137), ist schwarz. Er wirft dem Erzähler **eine Birne zu, die ich nicht fangen kann. Mein Schreck, als sie zu Boden fällt. Und dann sagt seine Stimme: Doldenhilfe.** (137)

Dieses Traumbild weist Parallelen zum Anfang der Erzählung (vgl. 7 und die Analyse in Kapitel 5.1) auf. So ist in beiden Szenen der Bruder anwesend, so kann der Erzähler beide Male sein Gesicht nicht erkennen. Allerdings kann er in der Sequenz des Erzählanfangs immerhin die Gesichter der Eltern und der Schwester ausmachen (vgl. 7), wohingegen die Gesichter der übrigen Personen, von denen man nicht mit Bestimmtheit sagen kann, ob es auch hier die Familienmitglieder sind, in diesem Traum unkenntlich sind wie das des Bruders. Auffällig ist auch, dass das Traumbild an das Negativ eines Schwarzweißfotos erinnert, während in den Abschnitten unmittelbar vor dieser Traumsequenz von Farbfotos die Rede ist. Diese Fotos, auf denen **die Sonne scheint** (137), zeigen die Habseligkeiten von Opfern einer Massenerschießung in der Nähe von Kiew, der im September 1941 33 771 Juden zum Opfer fielen, sowie **zwei deutsche Soldaten** (ebd.), die deren Kleidung nach Wertsachen durchsuchen.

Wie in der Anfangsszene ist es das Erinnern, das Erzählen selbst, das sich in dieser letzten Traumsequenz über den Bruder reflektiert. In Opposition zur erwarteten Helligkeit des Freien, in das der Gang führt, steht hier das, was der Erzähler dort tatsächlich zu sehen bekommt: das Dunkle, Negative. Anders als die Anfangsszene, anders als die Fotos, von denen in den Abschnitten zuvor die Rede war und die ein Verbrechen in aller Deutlichkeit zeigen, dominiert es diesen Traum. Man kann die Opposition zwischen Licht und Dunkelheit mit dem Aufklärungsprojekt des Erzählers in Verbindung bringen, das er zu Beginn der Erzählung formuliert und mit der Vorstellung der Freiheit verknüpft, **alle Fragen stellen zu können, auf nichts und niemanden Rücksicht nehmen zu müssen** (10). Sein Versuch, auf diese Weise **ins Freie** (137) zu gelangen, macht nicht nur das verdrängte Grauenhafte sichtbar, sondern muss am Ende auch entscheidende Fragen, denen seine Recherche galt, buchstäblich im Dunkeln belassen: Fragen, die die Wahrheit über den Bruder und das ihn umgebende soziale Umfeld betreffen.

Wenn der Erzähler auf die Bitte des Bruders hin etwas für diesen singt und überrascht ist, **wie gut, ja melodisch es mir gelingt** (137), lässt sich das mit dem Projekt der Erzählung selbst in Verbindung bringen, das er ›im Auftrag‹ des Bruders durchführt.[171] Dass er dann aber die Frucht, die dieser ihm zuwerfen will, nicht auffangen kann, lässt sich kaum anders denn als Bild für sein Scheitern deuten. Sein Versuch, mit dem Bruder in Kommunikation zu treten, führt an einem entscheidenden Punkt ins Leere.

Wie ein Symbol für diese Leere, für die zum Scheitern verurteilte Deutung der letzten Tagebuchaufzeichnung des Bruders, wirkt das am Ende des Traumprotokolls stehende, hermetisch anmutende Wort **Doldenhilfe**: Ein Signifikant, dem sich kein Signifikat zuordnen zu lassen scheint. Da sich dieses Wort durch eine **Inkongruenz zwischen formaler Profilierung und Eigenbedeutung**[172] auszeichnet, provoziert es solche Zuordnungsversuche aber geradezu. Weder der botanische Begriff Dolde (eine Pflanze) noch das Wort Hilfe, geschweige denn die Kombination beider Substantive scheinen allerdings halbwegs tragfähige Bedeutungsmöglichkeiten zuzulassen. Immerhin lässt das Kompositum an einen Ausdruck wie ›Winterhilfe‹ denken – das ›Winterhilfswerk‹ wurde vom NS-Staat im September 1933 zur Bekämpfung der unmittelbaren Folgen eines durch Armut und Arbeitslosigkeit bedingten gesellschaftlichen Notstandes gegründet.

Das Wort Dolde bezeichnet einen sich oberhalb des Stammes (der Hauptachse) an einem Punkt mehrfach verzweigenden Blütenstand, wobei von den Nebenachsen wieder kleine Blüten abzweigen. Allgemein könnte es für Leben, Fruchtbarkeit stehen, im Kontext der Erzählung lässt es darüber hinaus die Assoziation Stammbaum zu (denn die Form der Pflanze erinnert an die grafische Gestaltung eines sich verzweigenden Stammbaums). Die Birne, die der Bruder dem Erzähler zuwirft, lässt zumindest vage an die biblische Erzählung vom Sündenfall denken, in der das Essen der verbotenen Frucht vom Baum der Erkenntnis im Garten Eden nicht nur zur Wahrnehmung der eigenen Nacktheit, sondern auch zum Wissen um den Unterschied von Gut und Böse führt.

Man kann so den Traum als Repräsentation[173] dessen deuten, was der Erzähler in diesem autobiografischen Text versucht: über sich selbst und für die Nachgeborenen Aufklärung zu erlangen durch genealogische Erkenntnis, durch aktive Auseinandersetzung mit der exemplarischen Geschichte seiner Familie. Dass ihn diese Auseinandersetzung an Grenzen führt, weil es ihm nicht gelingt, Antworten auf entscheidende Fragen über seine Familienmitglieder zu finden, allen voran die Frage, ob das Beenden des Tagebuchs durch den Bruder auf einen ethischen Verweigerungsakt verweist, jenes **Non servo, das den Sündenfall [sic! C. K.] in der Religion und in jedem totalitären System, das auf Befehl und Gehorsam beruht**, darstellt (147), würde dann durch den misslungenen Versuch symbolisiert, die Birne zu fangen. Schließlich, so ließe sich dieses Bild auch deuten, ist der Erzähler nicht in der Lage, anzunehmen und zu verarbeiten, was der Bruder ihm hinterlassen hat, weil er die Wahrheit über ihn nicht mit Gewissheit in Erfahrung bringen kann.

In den Träumen über den Vater (144, 150, 153) dominieren die Motive von misslingender Kommunikation und von der Nichtwiederholbarkeit der Zeit. Im zweiten dieser Träume soll der Erzähler dem Vater etwas ausrichten, **ohne zu wissen, was** (150). Er läuft von Telefonzelle zu Telefonzelle und liest auf dem Display jedes Mal die Aufschrift **Außer Betrieb. Nur SOS.** (150) Als er die Taste drückt, hört er einen **sonoren Ton und wußte, das ist seine Kopfstimme. Welch ein sonderbares Wort: Kopfstimme.** (150) Während der sonore Ton an das Aussetzen der Herztöne eines schwerkranken Patienten auf der Intensivstation denken lässt, also mit dem Tod des Vaters in Verbindung gebracht werden kann, lässt sich die **Kopfstimme** als Metapher für das väterliche Über-Ich deuten, auf dessen Konstanz gerade der Erzählschluss verweist (vgl. den Satz **Noch immer arbeite ich – ja, arbeite – an seinen Wünschen,** 154).

Denkt man beim ersten Traum über den Vater, der mit Kindheitserinnerungen an **Bunkergänge** einsetzt (144), an dessen vom Erzähler verinnerlichte Aufforderung *mutig [zu] sein* (54) – er springt hier vom Zehnmeterbrett, wozu er sich im wirklichen Leben nie getraut hat (vgl. 54) –, so taucht der verstorbene Vater im dritten Traum **groß und schattenhaft** (153) im

Geschäft auf. Dass sich diese beim Erzähler **Entsetzen** (153) auslösende Vision von der Wiederauferstehung des toten Vaters später verliert, deutet darauf hin, dass ihm die Emanzipation von der vormals übermächtigen Figur zumindest teilweise gelungen ist. So zumindest legt er selbst seine Biografie aus.

Bezieht man die Ergebnisse dieser Analyse auf die von Freud eingeführten Kategorien der Traumdeutung,[174] so kann man sagen, dass die in der Erzählung dargestellten Träume zum Teil als Ausdruck unterdrückter Wünsche gedeutet werden können. Letzteres gilt zum Beispiel für den dritten Traum über den Bruder, in dem mit dem Bild der Personengruppe, zu der der Erzähler stößt, das Motiv des Erzählanfangs – freilich in der verfremdeten Form des **Negativs** – wieder aufgegriffen wird. Auch der erste Bruder-Traum, der von dem Wunsch des Erzählers handelt, die Erinnerung an den Bruder zu verdrängen, lässt sich nach diesem Schema interpretieren. Deutlich sind in den Traumsequenzen auch Momente der **Verdichtung** und **Verschiebung** zu beobachten. Zum einen tauchen im **manifesten Trauminhalt** (d. h. im tatsächlichen Traum) Personen und Situationen aus dem Lebensalltag des Träumenden auf, zum anderen Bilder, denen auf der Ebene des **latenten Trauminhalts** (d. h. auf der Interpretationsebene) metaphorische Bedeutungen zugeordnet werden können. Auch spielt der Aspekt der Verdrängung und des Vergessens eine zentrale Rolle. Die Interpretation des Lesers bleibt, will sie nicht bloße Spekulation sein, auf die Möglichkeit der Kontextualisierung, auf die assoziative Verbindung der manifesten Trauminhalte mit dem Text der übrigen Erzählung angewiesen. Wie der Erzähler bei der Recherche über seinen Bruder, so stößt auch der Leser hier aber an Grenzen des Verstehens. Auch wenn die ›Mächte‹, die ihn am ›restlosen Verstehen‹ hindern, teilweise andere sind als beim Träumenden, gilt für den Interpreten in abgewandelter Form, was Freud in der TRAUMDEUTUNG schreibt:

> Die Frage, ob jeder Traum zur Deutung gebracht werden kann, ist mit Nein zu beantworten. Man darf nicht vergessen, dass man bei der Deutung des Traumes die psychischen Mächte gegen sich hat, welche die Entstellung des Traums verschulden.[175]

6 Schlussbemerkungen

Was beim Traum nach Freud die psychischen Mächte der Verdrängung bewirken, leistet bei der genealogischen Recherche immer auch der nicht einholbare Zeitabstand. Auf diesen Abstand wird nicht nur in den zuletzt analysierten Textsequenzen, sondern auch im der Erzählung vorangestellten Motto angespielt: **above the battle's fury – clouds and trees and grass** (Über dem Toben der Schlacht – Wolken und Bäume und Gras) *William Carlos Williams* (Vgl. Mat. 13).[176]

Indem UWE TIMMS Erzählung die Grenzen des eigenen Erinnerns reflektiert, nutzt sie die Möglichkeiten autobiografischen Erzählens, stellt sich aber ebenso der Einsicht in dessen Grenzen. Christoph Meckel, dessen 1980 erschienene Erzählung *SUCHBILD. ÜBER MEINEN VATER*[177] einer der bekanntesten Texte der so genannten ›Väterliteratur‹ der siebziger und achtziger Jahre wurde und bei dem es wie bei TIMM um die Auseinandersetzung mit dem Nationalsozialismus unter autografischen Vorzeichen geht, schreibt über diese Grenzen:

> Ich habe nichts zur Person erfunden, aber ausgewählt und zusammengefasst (unmöglich darzustellen ohne Bewertung). Ich habe Sätze gemacht, also Sprache erfunden. Die Erfindung offenbart und verbirgt den Menschen.[178]

Deutlich wird hier, dass bei aller Absicht, **strikt [zu] trennen zwischen Fiktionen und dem, was wirklich war,**[179] nicht nur der zeitliche Abstand zum Gegenstand der Erinnerung, sondern auch das Medium des Erinnerns selbst dem Versuch entgegensteht, ›glättendes Erzählen‹ zu vermeiden und ›die Erinnerung selbst‹ sprechen zu lassen. Der Wunsch des Erzählers UWE TIMM, dieser Gefahr zu entgehen (vgl. 36), muss schon deshalb unerfüllt bleiben, weil der Erinnerungsdiskurs notwendigerweise selektiert und – nicht nur aus diesem Grund – das Vergangene bewertet. Auf den ersten Blick scheint die Diskrepanz zwischen diesem Wunsch und der Wirklichkeit des Erzählens ein blinder Fleck in TIMMS Text zu bleiben – blind wie die Negativbilder im letzten der drei Träume über den Bruder. Gerade dieser Traum thematisiert die Grenzen des autobiografischen Erzählens aber am intensivsten: als Begrenztheit des erinnernden Blicks. Es ist bezeichnend für den besonderen Status der Erzählung zwischen ›sachlicher‹ Rekonstruktion und Fiktion (»Erfindung«), dass sich diese poetologische Reflexion ausgerechnet in einem Traumbild artikuliert.

Auch wenn autobiografisches Erzählen die Möglichkeit in Kauf nehmen muss, den Personen, von denen es handelt, Ungerechtigkeit widerfahren zu lassen, arbeitet TIMM dieser Gefahr doch mit einer Entschiedenheit entgegen, die den Vorwurf der ›Selbstgerechtigkeit‹ (vgl. Kapitel 2.1 und Mat. 3) weitgehend gegenstandslos erscheinen lässt. Nicht im Widerspruch dazu steht die Tatsache, dass er sich dabei ethisch eindeutig positioniert, wenn er das Postulat der moralischen Autonomie des Subjekts, **Nein zu sagen, auch gegen den Druck des sozialen Kollektivs** (147), so vehement dem Normalitätskonzept entgegenhält, das sein Bruder wie sein Vater verinnerlicht hatten. Für TIMMS Auseinandersetzung mit diesem Konzept gilt das, was Adorno in seinem Essay *ERZIEHUNG NACH AUSCHWITZ* schreibt: **Die Forderung, dass Auschwitz nicht noch einmal sei, ist die allererste an Erziehung. […] Sie zu begründen hätte etwas Ungeheuerliches angesichts des Ungeheuerlichen, das sich zutrug.**[180]

Unterrichtshilfen

1 Didaktische und methodische Aspekte

Noch zu Beginn der neunziger Jahre konnte man die These vertreten, dass die deutsche Gegenwartsliteratur Erinnerungsarbeit stellvertretend für eine Gesellschaft geleistet habe, die solche Arbeit **in ihrer Mehrheit und ihren repräsentativen Institutionen abgewehrt hat.**[181] Demgegenüber ist heute, über 60 Jahre nach dem Ende des Zweiten Weltkrieges, an die Stelle der ›Unfähigkeit zu trauern‹, die den Umgang der deutschen Nachkriegsgesellschaft mit dem Dritten Reich prägte, ein Erinnerungsgebot getreten, das insbesondere für die Schule als zentrale Bildungsinstitution gilt. Adornos Forderung, es müsse das oberste Ziel jeder Erziehung sein, dass Auschwitz sich nicht wiederhole,[182] hat längst ihren Niederschlag in den Lehrplänen der Bundesländer gefunden. Auch in der literaturdidaktischen Diskussion des letzten Jahrzehnts wurde verstärkt der Versuch unternommen, Konsequenzen aus dem so genannten Auschwitz-Diskurs zu ziehen. So wird neben dem Abbau affektiver Abwehrmechanismen aufseiten der Schüler die analytisch-reflexive Auseinandersetzung mit den Gedächtnisperspektiven der Opfer wie der Täter eingefordert, so tritt an die Stelle des Bekenntnis- und Geständnisimperativs früherer antifaschistischer Gedenkrhetorik das Leitziel einer kritischen Fragekompetenz.[183] Umstritten bleibt jedoch die Eignung einschlägiger Texte für den Unterricht – gerade derjenigen, die in Schulen besonders häufig gelesen werden.[184]

Uwe Timms Erzählung erscheint aus mehreren Gründen als Schullektüre geeignet.[185] Die Protagonisten – der Ich-Erzähler und sein Bruder – sind Jugendliche bzw. junge Erwachsene, deren Lebenswege exemplarisch für die Erfahrungen zweier unterschiedlicher Generationen stehen. Die Verknüpfung der Lebensgeschichte des Bruders mit derjenigen des Erzählers, dessen Kindheit und Adoleszenz, dessen jugendliches Autonomiestreben in der Erzählung einen breiten Raum einnimmt, und die zu Recht gerühmte wirklichkeitsnahe Schreibweise Timms machen den Text zu einer außerordentlich spannenden Lektüre – auch für Jugendliche, soweit sie an zeitgeschichtlichen Fragen auch nur ansatzweise interessiert sind. Der im Titel anklingende Bezug zu den Geschichten zahlreicher deutscher Familien, die Einbettung des autobiografischen Geschehens in den zeitgeschichtlichen Kontext sowie die Tatsache, dass sich die erzählte Zeit über einen Zeitraum von über hundert Jahren erstreckt und bis in die unmittelbare Gegenwart reicht, stehen für die Aktualität des Textes. Individuelles wird hier mit Allgemeinem verbunden, Geschichte wird als Geschichte der Gegenwart erzählt. Dabei werden **in geradezu didaktischer Weise Anschlussstellen benannt [...], die die eigene Erinnerungsarbeit transzendieren und den Leser explizit in den historiographischen Nachbardiskurs verweisen.**[186] Ein entscheidender Vorzug der Erzählung besteht außerdem darin, dass die Ambiguität der Täter unter Verzicht auf problematische Kunstgriffe und ohne dass die Opferperspektive dabei außer Acht gelassen würde, thematisiert wird. Die autobiografische Schreibweise ist zwar kein Garant für die Authentizität des Erzählten, verbürgt diese jedoch in weit höherem Maße, als jede Form von gängiger Fiktionalisierung dies vermag.

Zwar trifft auch für AM BEISPIEL MEINES BRUDERS zu, was ein Kritiker UWE TIMM generell bescheinigt hat: dass er nämlich **keine Antworten hat, sondern nach ihnen sucht**.[187] Dennoch bezieht der Text eindeutig Stellung zu der Frage, welche Art von Erziehung die Verbrechen des Nationalsozialismus möglich gemacht hat und was man ihr entgegensetzen kann.

Was die methodische Ausrichtung des Unterrichtsvorhabens anbetrifft, so empfiehlt sich die Vorab-Lektüre durch die Schüler, weil nur so eine Einbeziehung des Kurses in die Planung der Unterrichtssequenzen möglich ist. Eine an den Personen und der Rekonstruktion der Familienkonstellation orientierte Vorgehensweise liegt nahe. Trotz des Titels gibt es in dieser Erzählung keine Hauptfigur im strengen Sinne. Die Berichte über den Vater und den Erzähler, die gemeinsam mit dem Bruder zu Beginn der Erzählung als diejenige Trias benannt werden, um die die Erzählung kreist (vgl. 18 f.), nehmen – soweit man hier strikt trennen kann – insgesamt sogar einen größeren Raum ein als diejenigen über den Bruder und auch die Geschichten der Mutter und der Schwester.

Eine besondere Schwierigkeit, aber wohl auch ein besonderer Reiz der Lektüre von AM BEISPIEL MEINES BRUDERS könnte darin bestehen, dass hier das Ermitteln von Informationen, die in einem Sachtext, aber auch in vielen fiktionalen Texten des Schulkanons mehr oder weniger kontinuierlich aneinandergereiht werden, durch TIMMS Montagetechnik deutlich erschwert wird. Durch sie werden beispielsweise Aussagen über die einzelnen Personen im Text so gestreut, dass auf der einen Seite in der Regel nicht die Lektüre einer einzigen ›Kernstelle‹ genügt, um das Entscheidende herauszufinden. Auf der anderen Seite gilt es, die Bedeutung von Redundanzen (wie der leitmotivischen Wiederholung bestimmter Passagen aus den Texten des Bruders) zu erkennen. Gezielt gefördert werden muss bei der Lektüre dieses Textes also ein über die üblichen Lernzielbeschreibungen, die das Zusammenspiel von Emotionalität und Kognition allgemein betonen, hinausgehendes Maß an Lesekompetenz, die man als *kombinatorische* bezeichnen könnte.

Wenngleich aufgrund der genannten Schwierigkeiten in der Unterrichtseinheit der Schwerpunkt auf einer textanalytischen Vorgehensweise liegt, werden produktionsorientierte und szenische Verfahrensweisen – insbesondere zur Förderung der Vorstellungsbildung[188] – einbezogen. Neben der Thematisierung von TIMMS Montagetechnik sowie exemplarischen Textanalysen spielt die Beschäftigung mit dem historischen Kontext eine wesentliche Rolle. Diese kann aufgrund der Tatsache, dass TIMM in den essayistischen Passagen selbst immer wieder Kontextinformationen bietet, reduziert, sie kann bei entsprechend vorhandenem Zeitvolumen aber auch ausgeweitet werden (vgl. den Materialteil und die entsprechenden Addita in der Unterrichtssequenz). Entscheidendes Kriterium für die Auswahl und den Grad der Reduktion ist das – insbesondere im Geschichtsunterricht erworbene – Vorwissen der Lernenden. Grundsätzlich verzichtet wurde im Materialteil auf historische Informationen, die die Erzählung selbst enthält, sowie auf ausführliche Darstellungen der dort erwähnten Schlachten im Russlandfeldzug der deutschen Wehrmacht. Letzteres hätte den Rahmen dieses Teils deutlich gesprengt[189] und würde zum Verständnis relevanter historischer Zusammenhänge nur in geringem Maße beitragen.

Eingesetzt werden kann in der Unterrichtseinheit auch die von Gert Heidenreich exzellent vorgelesene Hörbuchfassung der Erzählung (erschienen 2003 bei Random House Audio GmbH). Motivierende Einstiege in Unterrichtsstunden bzw. -phasen sind außerdem über das Titelbild der dtv-Ausgabe, die Originalseite aus dem Tagebuch (Mat. 16) und das Cover der Hörbuchfassung möglich. Auf ersterem ist eine Gesichtshälfte des Bruders in schemenhafter Form, auf der zweiten ist das Schattenbild eines jungen Mannes zu sehen. Auch das im Materialienteil des vorliegenden Bandes abgedruckte Foto der Schauspielerin Hannelore Schroth, das Uwe Timm im Nachlass seines Bruders fand, kann im Unterricht verwendet werden. Es zeigt eine junge Frau in hochgeschlossenem Kleid und mit – aus heutiger Sicht – vergleichsweise ›strenger‹ Frisur. Während die beiden erstgenannten Bilder Anlass sein können, über die Gesamtproblematik der Erzählung (die sich dem Erzähler entziehende Person des Bruders) zu sprechen, kann dieses dazu beitragen, die Vorstellungsbildung der Schülerinnen und Schüler bezüglich der ›Innenwelt‹ des Bruders zu unterstützen. Als Ergänzung zu den Kontextanalysen der Unterrichtseinheit bilden sich zahlreiche Medien an, die das Thema ›Jugend im Nationalsozialismus‹ behandeln. Besonders empfehlenswert ist der mehrfach preisgekrönte Film aus dem Jahr 2005 Sophie Scholl. Die letzten Tage (Regie: Marc Rothemund), da hier ein Eindruck davon vermittelt wird, dass die von Uwe Timm beschworene moralische Autonomie, das **non servo**, auch unter den Bedingungen des NS-Regimes nicht nur pure Fiktion war.

Thematisiert werden sollte in einer abschließenden Unterrichtsstunde die kontroverse Rezeption der Erzählung. Die im Laufe der Unterrichtseinheit verfassten Texte (beginnend mit dem Lesetagebuch) sollten von jedem Lernenden in einer Mappe zusammengestellt werden.

2 Checkliste: Voraussetzungen und Schwierigkeiten bei der Lektüre

Voraussetzungen
- Der Text eignet sich für die Lektüre in der gymnasialen Oberstufe, möglicherweise schon in der 10. Klasse, da hier in der Regel der Nationalsozialismus im Geschichtsunterricht behandelt wird. Grundwissen über den Nationalsozialismus, den Holocaust und die Nachkriegszeit sollte aufseiten der Schülerinnen und Schüler in jedem Fall vorhanden sein.
- Der Umfang des Textes ist mit ca. 150 Seiten relativ überschaubar, die Sprache verständlich, der Schwierigkeitsgrad hält sich in Grenzen.
- Die Erzählung weist als Familiengeschichte einen Bezug zur Lebenswelt der Schülerinnen und Schüler und als literarischer Beitrag zum aktuellen Erinnerungsdiskurs ein hohes Maß an kultureller Bedeutung auf. Beides dürfte sich ebenso motivierend auf die Lektüre auswirken wie die Tatsache,

dass es sich um einen autobiografischen, auf tatsächlichen Begebenheiten beruhenden Text handelt.
- Das für die Lektüre notwendige historische Minimalwissen wird in den essayistischen Passagen der Erzählung zum Teil ›mitgeliefert‹. Das macht grundsätzlich eine Lektüre mit wenigen historischen (Zusatz-)Informationen möglich.
- Die Erzählung eignet sich ausgezeichnet für interdisziplinären Unterricht (Deutsch/Geschichte) und bietet Anschlussmöglichkeiten an andere Lektüren mit zeitgeschichtlichem Bezug (vgl. das Kapitel Unterrichtsreihen).
- Jeder Schüler/jede Schülerin sollte eine Ausgabe der Erzählung zur Verfügung haben und diese nach der Einstiegsstunde lesen. Aufgrund der komplexen Verweisstruktur der einzelnen Textelemente, der Beziehungen zwischen Familienchronik und historischen Ereignissen sowie zwischen den Personen und ihren Lebensgeschichten sollte der Text unbedingt vollständig (und nicht nur in Ausschnitten) gelesen werden.

Mögliche Schwierigkeiten
- Vor der Entscheidung über die Lektüre sollte möglichst detailliert geklärt werden, ob und in welcher Form die Schülerinnen und Schüler sich im Unterricht schon mit dem Thema Nationalsozialismus und Holocaust beschäftigt haben und welches Wissen, welche Vormeinungen und ggf. Vorurteile gegenüber dem Thema bestehen, damit eine Überfrachtung des Unterrichts mit bereits bekanntem Stoff vermieden und auf mögliche affektive Vorbehalte aufseiten der Schüler eingegangen werden kann.
- Affektive Abwehr könnte bei manchen Schülerinnen und Schülern auch durch Verstrickungen der eigenen Familie in Nationalsozialismus und Holocaust hervorgerufen werden. Sollten Schülerinnen und Schüler von sich aus das Bedürfnis äußern, entsprechende Familienrecherchen anzustellen, so ist das zu begrüßen. Allerdings sollte eine solche Aufgabe keinesfalls vom Lehrer/von der Lehrerin verbindlich gestellt werden, da ein derartiger ›Geständniszwang‹ pädagogisch vollkommen kontraproduktiv wäre.
- Schwierigkeiten könnten manchen Schülerinnen und Schülern die achronologische und fragmentarische Erzählweise Uwe Timms bereiten. Deshalb sollten die Montagetechnik und ihre Funktion zu einem möglichst frühen Zeitpunkt in der Unterrichtssequenz thematisiert werden (vgl. die Einstiegsstunde).

3   Unterrichtsreihen

Uwe Timms *Am Beispiel meines Bruders* enthält insofern ein reichhaltiges Angebot für eine Unterrichtsplanung, die über die Lektüre des Textes hinausgeht, als vielfältigen intertextuellen Bezügen des Textes nachgegangen werden könnte (vgl. dazu Kapitel 3.6). Jedoch eignen sich solche Recherchen allenfalls für kleinere Forschungsaufträge an die Schüler/-innen, da die entsprechenden Texte vom Erzähler in der Regel kommentiert und eingeordnet werden und als Kontexte der Erzählung somit nur für diejenigen interessant sind, die es ›genau wissen wollen‹. Derartige Recherchen sind deshalb nicht als obligatorische Elemente in der folgenden Unterrichtseinheit vorgesehen. Bei einer fächerübergreifenden Ausrichtung des Unterrichts (gedacht ist vor allem an eine Kooperation mit dem Fach Geschichte) wäre zudem eine intensivere Auseinandersetzung mit den historischen Kontexten möglich, die die Erzählung thematisiert (vgl. Kapitel 3.7). Lehrerinnen und Lehrern, die Aspekte des Themas Nationalsozialismus vertiefen wollen, sei der SAMMELBAND NATIONALSOZIALISMUS der Zeitschrift GESCHICHTE LERNEN (Velber: Friedrich Verlag 2000) empfohlen. Hier findet man unter anderem Unterrichtsmodelle und weiterführende Materialien zu den Themenbereichen »Propaganda und Erziehung«, »Der Zweite Weltkrieg«, »Verfolgung und Vernichtung« sowie »Opposition und Widerstand«.

Für übergreifende Unterrichtsreihen innerhalb des Deutschunterrichts bieten sich folgende Möglichkeiten an:

- Täter und Opfer in autobiografischen Texten:
Uwe Timm, AM BEISPIEL MEINES BRUDERS, Bernhard Schlink, DER VORLESER (vgl. hierzu die Oldenbourg Interpretation (OI-)Band 98), Ruth Klüger, WEITER LEBEN. EINE JUGEND (vgl. dazu OI-Band 81), Imre Kertész, ROMAN EINES SCHICKSALSLOSEN
- Väterliteratur mit Bezug zum Thema Nationalsozialismus:
Uwe Timm, AM BEISPIEL MEINES BRUDERS, Christoph Meckel, SUCHBILD. ÜBER MEINEN VATER, Alfred Andersch, DER VATER EINES MÖRDERS
- Nationalsozialismus, Krieg, Vertreibung und Nachkrieg und Familiengedächtnis. Beispiele aus der aktuellen Gegenwartsliteratur:
Uwe Timm, AM BEISPIEL MEINES BRUDERS, Hans-Ulrich Treichel, DER VERLORENE, Reinhard Jirgl, DIE UNVOLLENDETEN (eventuell in Auszügen zu lesen), Tanja Dückers, HIMMELSKÖRPER, Thomas Lehr, FRÜHLING
- Uwe Timms autobiografische Texte als Beiträge zur zeitgeschichtlichen Reflexion in der Gegenwart:
Uwe Timm, AM BEISPIEL MEINES BRUDERS, Uwe Timm, DER FREUND UND DER FREMDE
- Der ›autoritäre‹ Charakter in der Literatur des 20. und 21. Jahrhunderts:
Uwe Timm, AM BEISPIEL MEINES BRUDERS, Heinrich Mann, DER UNTERTAN (vgl. hierzu OI-Band 22), Arthur Schnitzler, LEUTNANT GUSTL (vgl. hierzu OI-Band 84), Heiner Müller, DAS EISERNE KREUZ, Thomas Brussig, HELDEN WIE WIR.

4 Stundenübersicht

Kernreihe für GK und LK (12 Stunden)

Sequenz 1: Einstieg und Planung

1. Stunde

Thema: Austausch von Lektüreerfahrungen und Planungsgespräch
Ziel: Die Schüler/-innen erarbeiten einen Überblick über die erzählte Zeit, tauschen sich über den Text mithilfe von Lesetagebüchern aus und planen die Unterrichtseinheit mit.

2. Stunde	Thema:	Einstieg in die Unterrichtssequenz: Analyse des Anfangs der Erzählung
	Ziel:	Die Schüler/-innen erarbeiten das Montageverfahren des Textes und die Position des Erzählers.

Sequenz 2: Die Personen und die Familienkonstellation

3./4. Stunde	Thema:	**Abwesend und doch anwesend.** Die Person des Bruders
	Ziel:	Die Schüler/-innen analysieren die Person des Bruders und beleuchten dessen ambivalente Beziehung zum Erzähler ebenso die begrenzten Informationsquellen über den Bruder.

5. Stunde	Thema:	**Über den Bruder schreiben heißt auch über ihn schreiben:** Die Person des Vaters
	Ziel:	Die Schüler/-innen erarbeiten die Rolle des Vaters und seine Bedeutung in der Erzählung.

6. Stunde	Thema:	Der Erzähler als Person innerhalb der Erzählung und die Erzählperspektive
	Ziel:	Die Schüler/-innen erarbeiten die persönliche Entwicklung des Erzählers und die (Selbst-)Reflexion der Erzählerrolle.

7. Stunde	Thema:	Die Familienkonstellation (unter besonderer Berücksichtigung der Mutter und der Schwester)
	Ziel:	Die Schüler/-innen entwerfen ein Standbild, um die Verhältnisse der Figuren der Familie Timm zueinander zu analysieren.

Sequenz 3: Exemplarische Textanalysen

8. Stunde	Thema:	Die Träume des Erzählers
	Ziel:	Die Schüler/-innen analysieren die ersten Träume des Erzählers über seinen Bruder und die Funktion der Träume in der Erzählung.

9. Stunde	Thema:	Sprachkritik und Sprachreflexion in der Erzählung
	Ziel:	Die Schüler/-innen setzen sich mit der Sprache im Text, mit der Sprache der NS-Zeit und der der Vätergeneration auseinander.

Sequenz 4: Historische Kontexte

10./11. Stunde	Thema:	Kontexte I: Nationalismus; Wehrmacht und Waffen-SS; Krieg und Nachkrieg; Anpassung und Widerstand Jugendlicher im Nationalsozialismus
	Ziel:	Die Schüler/-innen vertiefen ihr historisches Wissen über den Nationalsozialismus und den Zweiten Weltkrieg anhand zusätzlicher Sachtexte.

Thema:	Kontexte II: Nachkriegskindheit, Traumatisierung und Familiengedächtnis	**LK-Additum zur 10./11. Stunde**
Ziel:	Die Schüler/-innen klären den Begriff ›Traumatisierung‹ und setzen einen Sachtext über die Frage nach Beteiligung Familienangehöriger am Krieg in Beziehung zu Timms Text.	

Sequenz 5: Die Erzählung in der Kritik und im Erinnerungsdiskurs

Thema:	Uwe Timms Erzählung in der Kritik/Abschlussdiskussion	**12. Stunde**
Ziel:	Die Schüler/-innen setzen sich mit einer Kritik zum Text auseinander.	

Thema:	Der Autor Uwe Timm und sein autobiographisches Projekt	**LK-Additum zur 12. Stunde**
Ziel:	Die Schüler/-innen lernen Timms Text DER FREUND UND DER FREMDE als ›Fortsetzung‹ (?) vom AM BEISPIEL MEINES BRUDERS kennen.	

5 Unterrichtssequenz

Verwendete Abkürzungen:

A	= Alternative		PA	= Partnerarbeit
EA	= Einzelarbeit		PRO	= produktionsorientierte Themen- und Aufgabenstellung
GA	= Gruppenarbeit			
GK	= Grundkurs			
HA	= Hausaufgabe		Ref	= Referat
KRef	= Kurzreferat		SV	= Schülervortrag
LK	= Leistungskurs		TA	= Tafelanschrieb/Tafelbild
LV	= Lehrervortrag		UG	= Unterrichtsgespräch

Stunden	Thema	Didaktische Aspekte (Inhalte/Ziele)
1. (GK/ LK)	Austausch von Lektüreerfahrungen und Planungsgespräch	(1) Einstieg in das Thema: Die Schüler/-innen stellen über verschiedene Umschläge einen Bezug zur Erzählung her (2) Erarbeitung 1: Grobe Erarbeitung eines Überblicks über die erzählte Zeit (3) Sammeln von Fragestellungen für die Unterrichtseinheit auf der Grundlage der Lesetagebücher (4) Auswertung: Planung der Unterrichtseinheit
2. (GK, LK)	Exemplarische Analyse des Anfangs der Erzählung (S. 7–12)	(1) Einstieg: Besprechung der Mind-Maps (OHP) (2) Erarbeitung: Das Montageverfahren des Textes

Methodische Realisierung/ Verlauf	Hausaufgabe
Vorablektüre der Erzählung mit der Aufgabe einer Erstellung von Lesetagebüchern, in denen Beobachtungen zum Text (Wichtiges, Interessantes, Irritierendes) notiert werden (zu 1) Vorspielen des Anfangs der Erzählung auf der CD (z. B. bis S. 8, Mitte: [...] **Feldlazarett 623**/UG: Präsentation des Covers der CD (Power-Point oder OHP) und Vergleich mit dem Titelbild der TB-A/UG: Was haben beide Bilder gemeinsam, wodurch unterscheiden sie sich? In welcher Beziehung zu Titel und Inhalt der Erzählung stehen sie?/Erwartet wird: Schemenhafte Darstellung des Bruders/besonders die Figur auf dem CD-Cover wirkt wie ein Phantom/Problem des Erzählers: abwesende Anwesenheit des Bruders/Schwierigkeit, die Wahrheit über den Bruder ans Licht zu holen usw. (zu 2) PA/TA oder Folie: grober Überblick über die erzählte Zeit; ggf. Orientierung an einigen zentralen Daten: 1899, 1940, 1943 usw. (vgl. differenziert: Kapitel 3.2) (zu 3) UG/TA: Auswertung der Lesetagebücher: Sammeln von inhaltlichen Fragestellungen zum Text und von sprachlichen und strukturellen Auffälligkeiten/Erwartet wird: Hinweise auf das Motto (vgl. Mat. 13), zur Rolle der einzelnen Familienmitglieder, zur Schreibintention und zur Position des Erzählers, zum autobiografischen und gleichzeitig essayistischen Charakter des Textes und zu seiner Struktur: relativ kurze Textblöcke, scheinbar assoziatives Verfahren der Kombination dieser Blöcke (Montage), ggf. zu einzelnen schwierigen Textstellen (z. B. den Träumen), Fragen zu historischen Zusammenhängen (Rolle der Waffen-SS usw.) (zu 4) UG/TA: Erstellen einer Grobplanung für die Unterrichtseinheit auf der Basis der gesammelten Fragestellungen	Lesen Sie den Anfang der Erzählung (S. 7–12, unten) gründlich. Erstellen Sie auf einer Folie eine Mind-Map zum Erzählanfang. Überlegen Sie sich zuvor, welches Wort, welcher Begriff oder welcher Satz in der Mitte der Mind-Map stehen soll. Dabei kann es sich auch um ein Zitat aus dem Text handeln.
(zu 1) UG: Präsentation der HA (OHP) und Besprechung einiger Mind-Maps/mögliche Vorschläge für den Kernbegriff: **Der Bruder und ich** oder **Abwesend und doch anwesend**/UG: Worum geht es in den einzelnen Textblöcken inhaltlich und in welcher Beziehung stehen sie zueinander?/Erwartet wird: Unterschiedliche Textformen (Schilderung, Bericht, Brief, Märchentext) werden – teilweise ohne Überleitung des Erzählers – aneinandergereiht usw. (zu 2) PA/UG: Untersuchen Sie die ersten fünf Textblöcke (bis S. 4, unten: [...] **die mich, den** *Nachkömmling* **einbezogen**) genauer: In welcher Beziehung stehen sie inhaltlich und sprachlich zueinander?/Erwartet wird: Kontrastive Wirkung, emphatische Schilderung familiärer Idylle im ersten Abschnitt, nüchterner Berichtstil im zweiten und vierten Abschnitt, auffällige Emotionslosigkeit des Briefes (3. Abschnitt), Einschub des Briefes in den restlichen Text ohne Überleitung des Erzählers/inhaltlich liefert der Textauszug die Begründung für den Erzählanlass: die Gegenwärtigkeit des Bruders im Leben des Erzählers	PRO: Schreiben Sie in der Ich-Form eine (Rollen-)Biografie des Bruders. Stellen Sie zunächst fest, was der Text über ihn aussagt. Orientieren Sie sich dann an folgenden Fragen: a) *Allgemeines* (Name, Alter, Nationalität) b) *Äußeres* (Körperbau, Kleidung, Mimik, Gestik usw.)

Stunden	Thema	Didaktische Aspekte (Inhalte/Ziele)
2. (GK, LK)		(3) Fazit: Die Position des Erzählers und die Funktion der Montage
3./4. (GK/ LK)	**Abwesend und doch anwesend.** Die Person des Bruders	(1) Einstieg: Annäherung an die Person des Bruders durch Rollenbiografien (2) Begriffs- und Methodenklärung: Person und Figur; Informationsquellen über den Bruder (3) Erarbeitung: Analyse der Person des Bruders (4) Auswertung: Die Ambivalenz der Person des Bruders/Grenzen der Recherche des Erzählers über den Bruder

Methodische Realisierung/ Verlauf		Hausaufgabe

Die Ambivalenz der Person des Bruders

Der Bruder als Täter	Der Bruder als Fehlgeleiteter
■ meldet sich freiwillig zur Waffen-SS ■ tötet offenbar gefühllos (**ein Fressen für mein MG,** 16, 17, 33, 35) ■ misst moralisch mit zweierlei Maß (**Das ist doch kein Krieg, das ist** Mord, 24)	■ verfügt über humane Anlagen (vgl. die Aussagen über seine Kindheit) ■ wird **geschliffen** (90) ■ wird **um die Erfahrbarkeit eigener Gefühle betrogen** (28) ■ führt nur aus, was der Vater im Einklang mit der Gesellschaft wünschte (56)

UG: Diskussion über die mögliche Verstrickung des Bruders in Verbrechen gegen Juden und andere Zivilisten. Bezug auf eindeutige (**bauen die Russenhäuser ab,** 89) und uneindeutige Stellen im Tagebuch: **große Läusejagd** (15); KRef oder LV: Information über Mat. 5 (sollte die Zeit ausreichen, kann der Text auch an dieser Stelle von allen Schülerinnen und Schülern gelesen werden) und Mat. 7)/UG über die mögliche Bedeutung der letzten Tagebucheintragung (**Hiermit schließe ich mein Tagebuch**) als Leitmotiv (120, 147, 154), das in Opposition zu einem anderen Leitmotiv (**Ein Fressen für mein MG**) steht und der Berechtigung der sich daran knüpfenden Hoffnung des Erzählers
(zu 5) UG: Wofür ist der Bruder ein **Beispiel**?/Erwartet wird: Ambivalenz der Täter; betrogene Generation

(zu 1) Einbringen der HA/UG: Inwiefern erhält der Vater in der Erzählung eine Sonderstellung? (zu 2) PA (auch als arbeitsteilige GA möglich): 1. Wie sieht der Erzähler seinen Vater? Welche Persönlichkeitsmerkmale hebt er besonders hervor? 2. Wie beurteilt er den Einfluss des Vaters auf den Bruder? (Textgrundlage: S. 20–24, S. 40–44, 61–64, 99, 130–135, 151–154, ggf. auch 77–86) (zu 3) UG: Einbringen der Ergebnisse der GA und PA als TA:	Sammeln Sie Textstellen, in denen der Erzähler über sich selbst Auskunft gibt, und erstellen Sie auf dieser Basis ein Cluster über die verschiedenen Facetten des Erzählers, die in der Erzählung thematisiert werden.

Der Vater
■ harte Kindheit (soll sehr einsam gewesen sein) ■ nationalistische Orientierung (aber nach eigenen Aussagen kein Nazi) ■ steht für problematisches Wertesystem: **Befehl und Gehorsam** (131) ■ ist nach dem Krieg unfähig zur Aufarbeitung der Vergangenheit

Stunden	Thema	Didaktische Aspekte (Inhalte/Ziele)
5. (GK, LK)		(4) ... Resümee und Vertiefung
6. (GK/ LK)	Der Erzähler als Person innerhalb der Erzählung und die Erzählperspektive	(1) Einstieg: Facetten der Erzählerfigur (2) Erarbeitung: Die persönliche Entwicklung des Erzählers und die (Selbst-)Reflexion der Erzählerrolle

Methodische Realisierung/ Verlauf	Hausaufgabe

- Erzähler macht ihn (mit-)verantwortlich für SS-Beitritt des Bruders
- Erzähler beurteilt ihn insgesamt sehr kritisch: **rechthaberische Strenge** (22), **Diskrepanz zwischen dem, was er darstellte und dem, was er wirklich war** (43), **er kniff** (130)

(zu 4) UG auf der Basis des TA: Wie lässt sich die Beziehung des Erzählers zu seinem Vater abschließend charakterisieren? Hat sich seine Sicht über den Vater in den über 40 Jahren seit seinem Tod entscheidend geändert? Wie ist in diesem Zusammenhang die folgende Aussage des Erzählers zu verstehen: **Noch immer arbeite ich – ja, arbeite – an seinen Wünschen** (142).

(zu 1) Einbringen der HA/UG (Planungsgespräch): Welche Aspekte kann man unterscheiden, wenn man den Erzähler in seinen unterschiedlichen Facetten beschreiben will? Ergebnisse als TA zusammenfassen:	PRO/GA: Bereiten Sie drei Standbilder vor, die die Beziehungen der Familienmitglieder (einschließlich ihrer Beziehungen zum toten Bruder) darstellen: a) für das Jahr 1943 (der Bruder ist auf Heimaturlaub) b) für den Zeitraum der frühen 50er-Jahre (ca. 1951–54) c) für den Zeitraum wenige Monate vor dem Tod des Vaters (Frühjahr 1958). Überlegen Sie sich außerdem zu jeder Person einen Satz, der sie oder ihr Verhältnis zu der adressierten Person charakterisiert. Möglich sind auch Sätze, die zwei Personen gemeinsam sagen.[190]

Der Erzähler als ›Gegenstand‹ der Erzählung	Der Erzähler als ›Subjekt‹ der Erzählung (Erzählperspektive)
- Kind - Jugendlicher - Erwachsener (zur Zeit der Niederschrift des Textes und davor)	- Ich-Erzähler mit begrenzter Perspektive - Kommentator seines eigenen Erzählprojekts - Erwachsener - (zur Zeit der Niederschrift des Textes)

(zu 2) Arbeitsteilige GA: Gruppe 1 (Textgrundlage: S. 7, 17 f., 23 f., 27 f., 35–37, 56, 69, 86 f., 131 f., 144–147): Wie stellt der Erzähler seine eigene persönliche Entwicklung als Kind und Jugendlicher dar? Wie sieht er sich dabei selbst im Vergleich zu seinem Bruder?/Gruppe 2 (Textgrundlage: S. 9 f., 36, 120, 121 f., 143, 147 f., evtl. 154): Wie reflektiert der Erzähler seine Rolle als Erzähler? Warum schreibt er die Erzählung und über welche Schwierigkeiten beim Schreiben berichtet er?/Gruppe 3 (Textgrundlage: Mat. 1): Lesen Sie das Interview mit Uwe Timm und notieren Sie, welche Informationen der Autor hier – zusätzlich zu den in der Erzählung bereits enthaltenen – über sich und sein autobiografisches Erzählprojekt gibt. Ziehen Sie zum Vergleich entsprechende Textstellen der Erzählung heran/Erwartete Ergebnisse der Gruppe 1: Das elterliche (vor allem väterliche) Erziehungskonzept als Orientierung als letztlich männlich-autoritär geprägtes **Muttersöhnchen, Reiß dich zusammen** usw.; die Balance des Erzählers zwischen Nähe und Distanz gegenüber seiner eigenen Person (**der Junge** usw.); das Selbstkonzept des Erzählers als Gegenentwurf zum Leben des Bruders (vgl. vor allem S. 56: **Ich dagegen hatte eigene**

Stunden	Thema	Didaktische Aspekte (Inhalte/Ziele)
6. (GK/ LK)		
		(3) Ergebnissicherung
7. (GK/ LK)	Die Familienkonstellation (unter besonderer Berücksichtigung der Mutter und Schwester)	(1) Einstieg: GA/PRO: Einbringen der HA: Vorbereitung und Darstellung der Standbilder
		(2) Erarbeitung 1: Auswertung der Standbilder
		(3) Erarbeitung 2/Vertiefung: Analyse der Personen Mutter und Schwester
		(4) Auswertung

Methodische Realisierung/ Verlauf	Hausaufgabe
Worte finden können)/Erwartete Ergebnisse der Gruppe 2: Grenzen der Erinnerung (7), **Gefahr, glättend zu erzählen** (36), Absicht, **Zeugnis ab[zu]legen** (129); Abriss der Hornhaut als Phantomschmerz über das ›Wegsehen‹ der eigenen Familienmitglieder (143); Grenzen der Recherche (148)/Erwartete Ergebnisse der Gruppe 3: Interview enthält Informationen über emotionale Betroffenheit und Möglichkeit der Distanznahme auch nach Veröffentlichung der Erzählung/deutliche Betonung des ›Erziehungsdrucks‹ (Bruder als Vorbild)/Akzentuierung genealogischer Fragen: ›Woher komme ich […]. Wie hätte ich gehandelt?‹; Eingeständnis, diese Frage nicht beantworten zu können/Begründung für nicht-fiktionales Erzählen/Erläuterung der Aussage, immer noch an den Wünschen des Vaters ›zu arbeiten‹ (zu 3) UG: Das Resultat der Erinnerung aus der Sicht des Erzählers (Wissen und Nicht-Wissen, Erleichterung, aber keine Katharsis)	
(zu 1) Mögliche Sätze zum Standbild 1: **Schau mal** (7) usw./Mögliche Sätze zum Standbild 2 (1951–54): **So viel Dämlichkeit** (49: Vater zur Schwester); **Den Jungen verloren und das Heim** (87: beide Eltern); **Reiß dich zusammen** (132: Vater zu Uwe) usw./ Mögliche Sätze zum Standbild 3 (1958): **Das kannst du doch nicht machen, Hans** (44: Mutter zum Vater); **Du sollst es einmal besser haben** (vgl. 45: Mutter zu Uwe); **Du kneifst!** (vgl. 130: Uwe zum Vater) (zu 2) UG über die Standbilder/Erwartete Ergebnisse zu Bild 1: Harmonie, der große Bruder, **das Vorbild** als Zentrum der Familie/Erwartete Ergebnisse zu Bild 2: Die familieninterne Hierarchie (die unangefochten dominante Rolle des Vaters in Bild 3; Verinnerlichung der traditionellen Frauenrolle aufseiten der Mutter; Bruder als ›anwesend abwesender‹ Bezugspunkt; Abwertung des Weiblichen durch den Vater und Missachtung der Schwester (vgl. S. 17 f.); Aufbegehren der Schwester usw./Erwartete Ergebnisse zu Bild 3: Veränderung des Bildes durch Vater-Sohn-Konflikt; Veränderung des Vaters durch geschäftlichen und gesundheitlichen Niedergang usw. (zu 3) GA (arbeitsteilig): Gruppe 1: Die Person der Mutter und ihre Rolle innerhalb der Familie (für Arbeitsaufträge können herangezogen werden: S. 43–47; 106–111; 129 f.); Gruppe 2: Die Person der Schwester und ihre Position innerhalb der Familie (für Arbeitsaufträge können herangezogen werden: S. 17, 47–54; 138–140)/A: Konzentration auf jeweils eine Textstelle (Mutter: 106 f; Schwester: 138 ff.)/Erwartete Ergebnisse: Thematisierung und Problematisierung der (traditionellen) Frauenrolle in der Familie Timm. Erkenntnis des (letztlich auch ambivalenten) Bildes der Mutter, das der Erzähler zeichnet (zu 4) UG: Abschließende Beurteilung der einzelnen Familienmitglieder (im Blick auf ihre Beurteilung durch den Erzähler)	PRO: Formulieren Sie einen Brief, den ein Familienmitglied an ein anderes schreibt. In diesem Brief teilt die betreffende Person dem Adressaten/ der Adressatin mit, was er/sie nicht mehr mitteilen konnte, weil der Adressat/die Adressatin verstorben ist. (Die HA dient nicht zur Vorbereitung der nächsten Stunde, kann also auch längerfristig erteilt werden.)

Stunden	Thema	Didaktische Aspekte (Inhalte/Ziele)
8. (GK/ LK)	Die Träume des Erzählers	(1) Einstieg: Die Rolle der Träume in der Erzählung
		(2) Erarbeitung: Analyse der ersten Träume des Erzählers über seinen Bruder
		(3) Fazit und abschließende Reflexion: Die Funktion der Träume innerhalb der Erzählung
9. (GK/ LK)	Sprachkritik und Sprachreflexion in der Erzählung	(1) Einstieg: Die Auseinandersetzung mit Sprache in der Erzählung

Methodische Realisierung/ Verlauf	Hausaufgabe
(zu 1) TA/Projektion als Impuls: **Kein Traum ist in dem Tagebuch erwähnt, kein Wunsch, kein Geheimnis** (28); kurzes UG: Welche Rolle spielen die Träume anderer Personen in der Erzählung?/Erwartet: Traum der Mutter in der Nacht der Verwundung des Bruders (vgl. 30); einzelne Träume des Erzählers über den Vater (144, 150, 153) und den Bruder (10, 121, 137), wobei die Nennung des letzten Traumes am unwahrscheinlichsten ist, da er nicht explizit als solcher benannt wird/UG: Methodenklärung: Wie lassen sich die Träume deuten? Gfg.: Erklärung der Unterscheidung ›latenter‹/›manifester‹ Trauminhalt (vgl. hierzu Kapitel 5.3)/Erwartet, ggf. aber auch von Lehrkraft vorzugeben: Traumdeutung sollte sich auf den Kontext der übrigen Erzählung beziehen (zu 2) EA/anschließendes UG: *Deutung* der drei Träume über den Bruder (10, 121 f., 137) unter Berücksichtigung des Kontextes der Erzählung. (Beschreiben Sie, was Ihnen am Inhalt der Träume auffällt. In welcher Beziehung steht dieser (latente) Inhalt zur übrigen Erzählung? Wie lässt er sich vor diesem Hintergrund deuten?)/Erwartet: Gegensatz dunkel-hell; erster Traum: Hinausdrängen des Bruders; Zurückbleiben der zerfetzten Jacke (Motiv misslingender Verdrängung); zweiter Traum: Bruder taucht wieder schattenhaft auf; danach: Krampf in den Beinen usw. (Bezug zur Verletzung des Bruders); dritter Traum: irritierende Inhalte: Negativbild; Birne, die der Erzähler nicht fangen kann; **Doldenhilfe**; ggf. Deutungsansätze: Personengruppe als eigene Familie, die sich dem recherchierenden Zugriff des Erzählers entzieht; ggf. Hilfe: Dolde als mögliches Bild für Stammbaum (zu 3) UG: 1. Welche Funktion haben die Traumprotokolle innerhalb der Erzählung? 2. In der *Spiegel*-Bestsellerliste wurde AM BEISPIEL MEINES BRUDERS unter der Rubrik Sachbuch aufgeführt? Was ist vor dem Hintergrund der Rolle, die die Traumprotokolle hier spielen, von dieser Einordnung zu halten?/Erwartet: ›Fiktionaler‹ Charakter der Träume, Funktion der Vorausdeutung und symbolischen Repräsentation/ggf. nochmals Hinweis auf S. 56: **Der Junge träumt und tünt**.	Interpretieren Sie die Träume des Erzählers über seinen Vater (144, 150, 153) unter besonderer Berücksichtigung ihrer Stellung und ihrer Funktion im Kontext der übrigen Erzählung. (Die HA dient nicht zur Vorbereitung der nächsten Stunde, kann also auch längerfristig erteilt werden.)
(zu 1) Impuls: Präsentation folgender Aussage von Uwe Timm: Wir sind im Alltag ganz *normal* in der Sprache, und wir werden uns dessen erst bewusst, wenn uns ein bestimmtes Wort nicht einfällt, wenn wir nach einer genaueren Bezeichnung suchen, wenn wir jemanden treffen, der eine Sprache spricht, die wir nicht verstehen. Erst im Mangel merken wir, wie selbstverständlich und fraglos wir in der Sprache sind. (Aus: Uwe Timm ERZÄHLEN UND KEIN ENDE. VERSUCHE ZU EINER ÄSTHETIK DES ALLTAGS. Köln Kiepenheuer und Witsch 1993, S. 45 f.) UG: Welche Rolle spielt die Auseinandersetzung mit Sprache in	A: Erarbeitung von Mat. 6–11 von allen Schülerinnen und Schülern.

Stunden	Thema	Didaktische Aspekte (Inhalte/Ziele)
9. (GK/ LK)		(2) Erarbeitung: Die Sprache des Nationalsozialismus und die Verdrängung der NS-Zeit durch die Sprache der Vätergeneration
		(3) Fazit und Transfer: Konsequenzen für die Gegenwartssprache
10./ 11. (GK/ LK)	Kontexte I: Nationalismus; Wehrmacht und Waffen-SS; Krieg und Nachkriegszeit; Anpassung und Widerstand Jugendlicher im Nationalsozialismus	Vertiefung von historischem Wissen, das der Text vermittelt, anhand von Auszügen aus geschichtswissenschaftlichen Untersuchungen

(1) Analyse zu Text von Wegner über dt. Nationalismus und SS-Ideologie |

Methodische Realisierung/ Verlauf	Hausaufgabe

Am Beispiel meines Bruders? Lässt sich ein Bezug zwischen dieser Rolle und dem Zitat herstellen?/Erwartet: Text thematisiert die Normalität einer Sprache der Täter (vgl. z. B. 91, 98); Bezug: Brownings *Ganz normale Männer* (vgl. z. B. 137) und deren unhinterfragtes Fortleben in der Nachkriegsära (vgl. z. B. 96)
(zu 2) GA (arbeitsteilig): Gruppe 1 (Textgrundlage: S. 33 f., 73, 97 f.): a) Untersuchen Sie die hier zitierte Sprache der Täter im Hinblick auf ihre Wortwahl und ihre Wirkungsabsicht
b) Analysieren Sie, wie Timm diese Textpassagen über die Tätersprache in den Kontext der Erzählung (Textblöcke vor und nach der jeweiligen Stelle) einbaut und welche Wirkung er dadurch erzielt./Erwartet zu a: Sprache als Legitimation und Verharmlosung des Verbrechens/Erwartet zu b: Kontrastive bzw. konnotative Wirkung durch Kombination der Textblöcke: Bruder als Täter – Bruder als Opfer (**verheizt**, 73) und als unschuldiges Kind (73 f.); Sprache des Nationalsozialismus – Sprache der Nachkriegszeit (97 f.)/Gruppe 2 (Textgrundlage: S. 95 ff., 99, 102 ff., 130 ff.):
a) Untersuchen Sie die Sprach- und Kommunikationsverhalten in der Nachkriegsära im Hinblick auf seine gesellschaftliche Funktion/Erwartet: Verdrängung, fehlende Auseinandersetzung mit und Relativierung von Schuld
(zu 3) UG: Auf S. 97 f. schreibt Timm, dass die deutsche Sprache **ihre Unschuld verloren** habe: Erläuterung des Satzes (falls in Phase 2 noch nicht geschehen) und Diskussion der Frage, ob dieser Satz zutrifft und welche Konsequenzen er ggf. für unser Sprachverhalten haben sollte.
Vergeben von KRefs zur nächsten Std.: 1. Deutscher Nationalismus und SS-Ideologie (Mat. 6 und 7)/2. Das Selbstbild von Frontsoldaten in Feldpostbriefen (Mat. 8)/3. Die Wehrmacht in der Vergangenheitspolitik der Ära Adenauer (1949–1954) (Mat. 9)/4. Anpassung und Widerstand Jugendlicher in der NS-Zeit (Mat. 10a und b, Mat. 11). (Zu den Aufgabenstellungen vgl. 10./11. Stunde.)
Länge der Referate: je 7–10 Minuten. Aufgaben zu den Materialien siehe 10. Stunde. A: s. HA

Vortragen der KRefs: 1. Deutscher Nationalismus und SS-Ideologie (Mat. 6 und 7)/2. Das Selbstbild von Frontsoldaten in Feldpostbriefen (Mat. 8)/3. Die Wehrmacht in der Vergangenheitspolitik der Ära Adenauer (1949–1954) (Mat. 9)/4. Anpassung und Widerstand Jugendlicher in der NS-Zeit (Mat. 10 und 11)/ Länge der Referate: je 7–10 Minuten./UG: Diskussion im Anschluss an jedes Referat
zu (1) Aufgaben zu Mat. 6: 1. Fassen Sie mit eigenen Worten zusammen, welche Merkmale der deutsche Nationalismus nach Wegner in der Zeit nach 1918 aufweist und in welcher Beziehung er zur späteren SS-Ideologie steht. 2. Setzen Sie Wegners Analyse

(für GK/LK) zur 12. Stunde): 1. Lesen Sie Mat. 15 und fassen sie zusammen, wie Harald Welzer die Erzählung *Am Beispiel meines Bruders* vor dem Hintergrund seines Forschungsinteres-

Stunden	Thema	Didaktische Aspekte (Inhalte/Ziele)
10./ 11. (GK/ LK)		(2) Analyse des Textes von Sydnor über die SS-›Totenkopf‹-Division
		(3) Analyse des Textes von Wette zum Bildnis von Soldaten in Feldpostbriefen
		(4) Analyse des Textes von Wette über die Wehrmacht in der Adenauer-Ära
		(5) Analyse zweier Texte von Jugendlichen zum Krieg
		(6) Analyse eines Textes von Widerständlern

Methodische Realisierung/ Verlauf	Hausaufgabe

in Bezug zu der Erzählung *AM BEISPIEL MEINES BRUDERS*./Erwartet zu Aufgabe 1: Neuorientierung des deutschen Nationalismus nach 1918; vier Charakteristika: Zukunftsbezogenheit, Imperialismus, irrealer Sozialdarwinismus, aggressiver Gemeinschaftsmythos; zu Aufgabe 2: Deutschnationale Orientierung des Vaters (z. B. 20 f., 98 f.), aggressiv völkische Ideologie der (Waffen-)SS (z. B. 57 f.) und der Wehrmacht (z. B. 142)

zu (2) Aufgabe zu Mat. 7: 1. Ergänzen Sie die Analysen zu Mat. 6 um Informationen über die Entstehung und besondere Rolle der Waffen-SS-Division ›Totenkopf‹/Erwartet: Entstehung dieser Division aus KZ-Wachmannschaften; unbedingter Gehorsam sowie äußerste Brutalität und Gewaltbereitschaft auch gegenüber Zivilisten als besondere Kennzeichen

zu (3) Aufgaben zu Mat. 8: 1. Fassen Sie Wettes Aussagen mit eigenen Worten zusammen. 2. Setzen Sie diese Aussagen in Beziehung zu der Erzählung *AM BEISPIEL MEINES BRUDERS*./Erwartet zu Aufgabe 1: Unhinterfragte nationalsozialistische Orientierung und faktische Brutalität vieler Frontsoldaten (auch gegen die Zivilbevölkerung) korrespondiert mit Unfähigkeit, das Geschehen angemessen zu beschreiben; Vorstellung von ›Anstand‹ beschränkt sich auf das Verhalten gegenüber eigenen Kameraden; zu Aufgabe 2: Die Briefe des Bruders weisen genau diese Unfähigkeit und moralische Ambivalenz auf; die Reden des Vaters von der **anständige[n] Wehrmacht** und der **anständige[n] Waffen-SS** (98) zeigen, dass er diesem Denken auch in der Nachkriegszeit noch verhaftet bleibt.

zu (4) Aufgaben zu Mat. 9: 1. Fassen Sie die Aussagen Wettes mit eigenen Worten zusammen. 2. Setzen Sie diese Aussagen in Beziehung zu der Erzählung *AM BEISPIEL MEINES BRUDERS*./Erwartet zu Aufgabe 1: Mangelndes Unrechtsbewusstsein der ›Deutschen‹ gegenüber den Kriegsverbrechen in der Gründungsphase der BRD; Solidarisierung selbst hochrangiger deutscher Politiker mit verurteilten Kriegsverbrechern; Verdrängung der Tatsache, dass die deutsche Wehrmacht einen Vernichtungskrieg geführt hat; zu Aufgabe 2: Die von Timm beschriebene Haltung des Vaters in dieser Phase entspricht ziemlich exakt den Analysen Wettes (vgl. 98 f., 130 f.)

zu (5) Aufgabe zu Mat. 10a und b: Geben Sie die Aussagen der Jugendlichen wieder und setzen Sie sie in Beziehung zur Erzählung *AM BEISPIEL MEINES BRUDERS*./Erwartet: Rechtfertigung des Krieges durch nationalsozialistische Ideologie (›Überlegenheit der arischen Rasse‹) und Feindbilder (›Bolschewismus‹); Ideologie des Heldentums (Horaz-Zitat); Parallelen zu den Aussagen des Bruders in Briefen und Tagebuchaufzeichnungen: vermeintlicher *Idealismus* des Bruders (vgl. 19)

zu (6) Aufgaben zu Mat. 11: 1. Skizzieren Sie welche allgemeinen Aussagen der Verfasser über den Widerstand Jugendlicher in

ses beurteilt. 2. Nehmen Sie Stellung zu Welzers Beurteilung. (Erwartet: vgl. die Ausführungen zu Welzers Kritik in Kapitel 2.2) (für LK zum Additum): Lektüre von Mat. 14: 1. Fassen Sie die Kernaussagen des Textes knapp mit eigenen Worten zusammen. 3. Markieren Sie Textstellen, die sich in Beziehung zu Uwe Timms Erzählung setzen lassen.

Längerfristige freiwillige Zusatzaufgabe: Recherchieren Sie im Internet zum Thema ›Widerstand Jugendlicher im Nationalsozialismus‹ (z. B. zu den ›Edelweißpiraten‹, zur ›Weißen Rose‹ oder (vertiefend) zur ›Swing-Jugend‹).

Stunden	Thema	Didaktische Aspekte (Inhalte/Ziele)
10./ 11. (GK/ LK)		

LK-Additum

Stunden	Thema	Didaktische Aspekte (Inhalte/Ziele)
	Kontexte II: Nachkriegskindheit, Traumatisierung und Familiengedächtnis	(1) Einstieg: Einbringen der HA (2) Erarbeitung 1: Traumatisierungen der Kriegskinder (3) Erarbeitung 2: Bezüge zur Erzählung AM BEISPIEL MEINES BRUDERS (4) Vertiefung/Transfer: Trifft die These Welzers vom ›neuen deutschen Opferdiskurs‹ auf Timms Erzählung zu?

Methodische Realisierung/ Verlauf	Hausaufgabe
Hamburg macht. 2. Inwiefern lässt sich die Swing-Jugend als Widerstandsgruppe bezeichnen und weshalb wurde sie von den Nationalsozialisten verfolgt? 3. Wie ordnen Sie den Widerstand der Swing-Jugend aus heutiger Sicht im Vergleich zu anderen regimekritischen Jugendgruppen der damaligen Zeit wie z. B. der »Weißen Rose« ein?/Erwartet: Im Vergleich zu anderen Widerstandsgruppen Jugendlicher war die anglophile Ausrichtung der Swing-Jugend zunächst relativ unpolitisch; ihre massive Ablehnung und Verfolgung durch die Nationalsozialisten ist beispielhaft für eine Ideologie, die keinerlei kulturelle Abweichung akzeptiert A: Mat. 6-11 können auch in GA erarbeitet werden.	

Methodische Realisierung/ Verlauf	Hausaufgabe
(zu 1 und 2) UG: Austausch der HA-Lektüreergebnisse zu Mat. 14, Aufgabe 1/Erwartet: Erklärung des Begriffs Traumatisierung; Gründe der Traumatisierung: Verdrängung und ›Unfähigkeit zu trauern‹ (Mitscherlich/Mitscherlich); Erkenntnis, dass eigene Eltern nicht nur Opfer, sondern auch Täter waren; Möglichkeiten der Therapie; Perspektive der Autorin: Geburtsjahr 1943 und Wir-Form lassen den Schluss zu, dass sie wie Timm eine Betroffene ist (zu 3) UG: Austausch der Lektüreergebnisse zu Mat. 14, Aufgabe 2, und Auswertung der Textstellen/Erwartet: Hinweise auf Täter-Opfer-Problematik, traumatische Erfahrungen der Kriegskinder, Ausblenden der traumatischen Gegebenheiten und ›Unfähigkeit zu trauern‹ (jahrzehntelanger Versuch Timms, das Geschehen um den Bruder zu verdrängen), psychosomatische Folgen von traumatischem Stress (vgl. die Schmerzen des Erzählers in den Beinen, den Abriss der Hornhaut); Möglichkeit der Therapie durch Aufarbeitung der Vergangenheit (Timms Erzählung als Versuch einer Selbsttherapie) (zu 4) Kurzer LV/Impuls: Harald Welzers Forschungsergebnisse in *Opa war kein Nazi* (Welzer u. a., 2003): Eigene Familienangehörige werden heute in deutschen Familien sehr oft zu Helden des alltäglichen Widerstands stilisiert und es dominiert die Überzeugung, dass Deutsche Opfer waren – Opfer von Krieg, Vergewaltigung, Kriegsgefangenschaft, Mangel und Not. Die Täterschaft der eigenen Familienangehörigen wird dagegen ausgeblendet. Eine ähnliche Tendenz beobachtet Welzer auch in neueren Familienromanen. UG: Wie lässt sich Timms Erzählung vor diesem Hintergrund beurteilen?/Erwartet: Timm hebt sich deutlich gegen ›neuen deutschen Opferdiskurs‹ ab; ggf. aber auch kritische Einwände wie in Mat. 15	

Stunden	Thema	Didaktische Aspekte (Inhalte/Ziele)
12.	Uwe Timms Erzählung in der Kritik/Abschlussdiskussion	(1) Einstieg: Einbringen der HA zu Mat. 15 (2) Erarbeitung: Überprüfung der Kritik an Textstellen aus der Erzählung (3) Auswertung: Abschließende Beurteilung der Kritik Welzers und des Beitrags der Erzählung zum Erinnerungsdiskurs

LK-Additum

Stunden	Thema	Didaktische Aspekte (Inhalte/Ziele)
	Der Autor Uwe Timm und sein autobiografisches Projekt	Die Fortsetzung der autobiografischen Erzählung Timms in DER FREUND UND DER FREMDE

Methodische Realisierung/ Verlauf	Hausaufgabe
(zu 1) UG: Sammeln der zustimmenden und kritischen Bewertungen Welzers (zu 2) Zusammenfassung der Ergebnisse von Aufgabe 1 TA: Welzers Kritik an Timm: | Pro | Contra | |---|---| | ■ ambivalentes Verhältnis des Erzählers zum Bruder ■ Selbstreflexion der eigenen Befindlichkeit des Erzählers | ■ ›Wechselrahmung‹: Vergleich von SS-Angehörigen und KZ-Häftlingen ■ fehlende Thematisierung der eigenen kommunistischen Vergangenheit des Erzählers | **?** ■ Ist der Vorwurf an die ›68-iger‹ ([sie] **wollten nicht wirklich** hören, was die Alten gemacht haben) auch auf Uwe Timm zu beziehen? Zu Aufgabe 2 der letzten LK-HA: UG: Sammeln der Hypothesen; PA: Überprüfung an Textstellen aus der Erzählung: S. 58, 102 und 146 f./Erwartet: S. 58/102: Timm setzt Täter und Opfer nicht gleich; zumindest ist dieser Vorwurf anhand der Textstellen schwer zu belegen (vgl. hierzu Kapitel 2.2); S. 146: Timm problematisiert seine DKP-Mitgliedschaft durchaus, allerdings ohne den Namen der Partei zu nennen. Anschließend Auswertung im UG. (zu 3) UG zum Kasten mit ? (vgl. TA): Mögliches Ergebnis: Vorwurf wäre wohl nicht berechtigt, wenn man ihn h e u t e gegen Timm (als Erzähler des Buches) richtete/UG: Abschlussdiskussion: Uwe Timms Erzählung als Beitrag zum Erinnerungsdiskurs	Vergleichen Sie Mat. 2 (Rezension von Jochen Hörisch) mit der Kritik von Welzer. Diskutieren Sie unter Bezugnahme auf die Erzählung Pro und Contra beider Auffassungen.

Methodische Realisierung/ Verlauf	Hausaufgabe
KRef: Kurze Information über die Rolle der Vaterfigur im bisherigen Werk Timms (vgl. Kapitel 1). Ref.: Buchvorstellung DER FREUND UND DER FREMDE (2005). Mögliche Fragestellungen: Inwiefern knüpft der Autor hier an die Erzählung AM BEISPIEL MEINES BRUDERS an? Wie beschreibt er seinen weiteren Lebensweg? Wer war Benno Ohnesorg und welche Rolle spielt in der Erzählung die Freundschaft zwischen Uwe Timm und ihm? Welche Be-	

Stunden	Thema	Didaktische Aspekte (Inhalte/Ziele)

6 Klausurvorschläge/Referate/Projekte

Grundkurs
1. Analyse eines literarischen Textes mit weiterführendem Schreibauftrag
Textgrundlage:
Uwe Timm, AM BEISPIEL MEINES BRUDERS, S. 11: **Eine Geschichte, die von der Mutter immer wieder erzählt wurde**[…] – S. 12: **18 Jahre war er alt.**
Analysieren Sie die Textstelle und arbeiten Sie heraus, welche Funktion sie innerhalb der Erzählung hat.

2. Analyse eines literarischen Textes mit weiterführendem Schreibauftrag
Textgrundlage:
Uwe Timm, AM BEISPIEL MEINES BRUDERS, S. 27: **Verträumt war er**[…] – S. 29 […] **bleibt nur die Reduktion auf Haltung: Tapferkeit.**
Analysieren Sie die Textstelle unter besonderer Berücksichtigung der Funktion der Montage (d. h. der Frage, in welcher Beziehung die unterschiedlichen Textblöcke bzw. -teile zueinanderstehen).

3. Analyse eines literarischen Textes mit weiterführendem Schreibauftrag
Textgrundlage:
Uwe Timm, AM BEISPIEL MEINES BRUDERS, S. 126: **Arthur Kruse war durch den Krieg** […] – S. 127: […] **Granatsplitter in die Beine bekommen.**
Analysieren Sie die Textstelle und gehen Sie anschließend der Frage nach, welche Funktion sie innerhalb der Erzählung hat.

4. Analyse eines literarischen Textes mit weiterführendem Schreibauftrag
Textgrundlage:
Uwe Tim, AM BEISPIEL MEINES BRUDERS, S. 47: **38 Jahre war die Mutter** […] – S. 48: […] **braun – ich.**
Analysieren Sie die Textstelle und gehen Sie anschließend unter Bezugnahme auf weitere Textstellen der Frage nach, welche Rolle die Schwester des Erzählers innerhalb der Familienkonstellation spielt.

Methodische Realisierung/ Verlauf	Hausaufgabe

deutung hat für den jungen Uwe Timm die Auseinandersetzung mit dem Existenzialismus Camus' und mit der Studentenbewegung? Wie hat die Kritik das Buch aufgenommen? (Mögliches Zusatzmaterial: die Rezension von Klaus Siblewski, der Timm vorwirft, sich zu wenig mit den Fehlern und Schwächen der 68-iger auseinanderzusetzen – und damit die u. a. bei Welzer (vgl. Mat. 15) anklingende Kritik wieder aufgreift (vgl. Siblewski 2005)/Ggf. Lektüre von Auszügen aus der Erzählung durch den Referent/die Referentin

5. Erörterung im Anschluss an eine argumentative Textvorlage
Textgrundlage:
Ekkehart Rudolph, Familienbild mit Unschärfen. Uwe Timm rechnet ab: AM BEISPIEL MEINES BRUDERS (Mat. 3)
Geben Sie den Argumentationsgang des Textes wieder und nehmen Sie kritisch Stellung. Beziehen Sie sich bei Ihrer Stellungnahme auf den Primärtext AM BEISPIEL MEINES BRUDERS.

6. Analyse eines literarischen Textes mit weiterführendem Schreibauftrag
Textgrundlage:
Uwe Timm, AM BEISPIEL MEINES BRUDERS, S. 110: **Wir gingen durch die Innenstadt** [...] – S. 112: [...] **einer unbedingten?**
Analysieren Sie die Textstelle und gehen Sie anschließend der Frage nach, ob die Mutter des Erzählers von der Kritik, die dieser an der ›Vätergeneration‹ übt, ausgenommen ist. Beziehen Sie sich dazu auf weitere Textstellen.

Leistungskurs
1. Analyse eines literarischen Textes mit weiterführendem Schreibauftrag
Textgrundlage:
Uwe Timm, AM BEISPIEL MEINES BRUDERS, S. 27: **Verträumt war er** [...] – S. 29: [...] **bleibt nur die Reduktion auf Haltung: Tapferkeit.**
a) Analysieren Sie die Textstelle unter besonderer Berücksichtigung der Funktion der Montage (d. h. der Frage, in welcher Beziehung die unterschiedlichen Textblöcke – bzw. -teile zueinanderstehen).
b) Gehen Sie anschließend der Frage nach, welche Bedeutung die Auseinandersetzung mit dem Leben seines Bruders für den Erzähler hat.

2. Analyse eines literarischen Textes mit weiterführendem Schreibauftrag
Textgrundlage:
Uwe Timm, AM BEISPIEL MEINES BRUDERS, S. 11: **Eine Geschichte, die von der Mutter immer wieder erzählt wurde** [...] – S. 12: **18 Jahre war er alt.**

a) Analysieren Sie die Textstelle und arbeiten Sie heraus, welche Funktion sie innerhalb der Erzählung hat.
b) In der Bestsellerliste des *Spiegels* wurde die Erzählung AM BEISPIEL MEINES BRUDERS als Sachtext aufgeführt. Nehmen Sie (unter Berücksichtigung der analysierten Textstelle und der Erzählung als ganzer) Stellung zu dieser Einordnung.

3. Analyse eines literarischen Textes mit weiterführendem Schreibauftrag
Textgrundlage:
Uwe Timm, AM BEISPIEL MEINES BRUDERS: S. 151 **Ich wurde nachts von der Mutter geweckt** […] – S. 154: **Noch immer arbeite ich – ja, arbeite – an seinen Wünschen.**

- Analysieren Sie die Textstelle und gehen Sie anschließend der Frage nach, welche Bedeutung die Auseinandersetzung mit der Person seines Vaters für Uwe Timm in der Erzählung hat.
- Alternative (produktionsorientierter Schreibauftrag): Analysieren Sie die Textstelle. Verfassen Sie anschließend einen fiktiven Brief, den der Erzähler aus dem zeitlichen Abstand von über 40 Jahren (also ungefähr zum Zeitpunkt des Verfassen des Manuskripts) an seinen verstorbenen Vater schreibt.

4. Vergleichende Analyse zweier literarischer Texte
Textgrundlagen:
- Uwe Timm, AM BEISPIEL MEINES BRUDERS, S. 7: **Erhoben werden** […] – S. 7: […] **Ich schwebe.**
- Uwe Timm, AM BEISPIEL MEINES BRUDERS, S. 137: **Er, der Bruder, rief** – S. 137: **Doldenhilfe**

Analysieren Sie vergleichend die beiden Textauszüge.

5. Vergleichende Analyse zweier literarischer Texte
Textgrundlagen:
- Uwe Timm, AM BEISPIEL MEINES BRUDERS, S. 8: **Mehrmals habe ich den Versuch gemacht** […] – S. 9: […] **kam es auf der anderen Seite zum Vorschein.**
- Gebrüder Grimm: BLAUBART (Mat. 12)

a) Analysieren Sie die Textstelle aus Timms Erzählung und vergleichen Sie die von ihm zitierte Textpassage aus dem Märchen BLAUBART mit dem tatsächlichen Schluss des Märchens.
b) Gehen Sie anschließend der Frage nach, welche Funktion die Erwähnung der Blaubart-Episode (einschließlich des Zitats aus dem Märchen) in der Erzählung von Timm hat.

6. Erörterung im Anschluss an eine argumentative Textvorlage
Textgrundlage:
Ekkehart Rudolph, Familienbild mit Unschärfen. Uwe Timm rechnet ab: AM BEISPIEL MEINES BRUDERS (Mat. 3)
Geben Sie den Argumentationsgang des Textes wieder und nehmen Sie kritisch

Stellung. Beziehen Sie sich bei Ihrer Stellungnahme auf den Primärtext *AM BEISPIEL MEINES BRUDERS* sowie auf andere Ihnen bekannte Kritiken bzw. Rezensionen der Erzählung.

Referate
1. Autobiografische Bezüge in anderen Werken Uwe Timms (insbesondere: *HEISSER SOMMER, KERBELS FLUCHT, RÖMISCHE AUFZEICHNUNGEN, DER FREUND UND DER FREMDE*; vgl. das zweite LK-Additum)
2. Die Schlacht bei Kursk (vgl. hierzu vor allem Sydnor 2005)
3. Zwischen Anpassung und Widerstand: Jugend im 3. Reich
4. Das Motiv des verlorenen Bruders bei Uwe Timm und in Hans-Jörg Treichels Roman *DER VERLORENE*. Ein Vergleich
5. Das Denken und Fühlen deutscher Soldaten im Spiegel ihrer Feldpostbriefe (vgl. Ebert 2006)
6. Täterprofile. Wie aus normalen Menschen Massenmörder wurden. (vgl. Browning 2005, Welzer 2005)
7. *OPA WAR KEIN NAZI*. Harald Welzers Studien zum Thema ›Nationalsozialismus und Holocaust im deutschen Familiengedächtnis‹. (vgl. Welzer 2003)
8. Die Waffen-SS (vgl. Wegner 1999)
9. Die Traumatisierung von Kriegskindern (vgl. Bode 2005)
10. Die Behandlung des Themas ›Nationalsozialismus und Holocaust‹ in neueren Filmen und TV-Sendungen (z. B. Guido Knopps Fernsehserien, *NAPOLA, EDELWEISSPIRATEN, SOPHIE SCHOLL. DIE LETZTEN TAGE*)
11. ›Die Unfähigkeit zu trauern‹. Vom Umgang mit dem Nationalsozialismus in der Nachkriegszeit (grundlegend: Mitscherlich/Mitscherlich 2004.)

Projekt
Die Erzählung *AM BEISPIEL MEINES BRUDERS* und ihre historischen Kontexte. Lesung und Ausstellung. (Die Ausstellung kann unter anderem auf der Basis der oben genannten Referatsthemen und entsprechender Materialien stattfinden.)

7 Materialien

Material 1 »Ich wollte das in aller Härte«. Interview von Gerrit Bartels mit Uwe Timm über AM BEISPIEL MEINES BRUDERS

Gerrit Bartels: Herr Timm, beim Verlag hieß es anfangs, Sie würden zur Veröffentlichung Ihres neuen Buches AM BEISPIEL MEINES BRUDERS möglicherweise keine Interviews geben. Warum?
Uwe Timm: Das war wohl ein Missverständnis. Ich werde aber aus dem Buch nicht öffentlich vorlesen. Dafür eignet es sich nicht allzu gut, dafür sind einige Stellen für mich doch zu emotional besetzt.

Angesichts der Privatheit und Offenheit des Buches kann man sich jedoch gut vorstellen, Sie hätten ganz auf Öffentlichkeitsarbeit verzichtet und würden das Buch für sich allein sprechen lassen. Wie ist das, die eigene Familiengeschichte in Gesprächen wie diesen noch einmal aufzurollen?
Damit habe ich keine Schwierigkeiten. Das Ganze ist sozusagen abgearbeitet, in Sprache geformt, da hat man genug Distanz. Es hat mir gewiss Erleichterung verschafft, als das Buch fertig war. Andererseits finde ich persönliche Offenheit sehr wichtig. Zum Beispiel, dass ich aus unserem kurzen Gespräch vor diesem Interview von Ihnen weiß, was Ihr Vater von Beruf ist oder dass Sie einen Bruder haben. So eine Offenheit kann unsere Gesellschaft, unseren Umgang miteinander nur positiv beeinflussen.

Sie schreiben, dass Sie mehrmals vergeblich den Versuch gemacht hätten, über ihren 1943 im Krieg gefallenen Bruder Karl-Heinz zu schreiben. Von einem ›ängstlichen Zurückweichen‹ ist die Rede. Wovor hatten Sie Angst?
Zu so einem Buch gehört ein langer emotionaler Vorlauf, eine gewisse Erfahrung. Es dauert, bis die Erinnerungsprozesse in Gang kommen. Ich habe zwei Jahre ausschließlich an diesem schmalen Buch gearbeitet. Ich wollte immer über meinen Bruder schreiben, dessen Briefe ich schon als Jugendlicher gelesen hatte. Ich fand es nur erschreckend, beim Schreiben womöglich mehr Negatives über ihn zu erfahren. Etwa dass er nicht nur bei dieser Einheit der Waffen-SS gekämpft hat, sondern auch aktiv bei Partisanen- oder Judenerschießungen dabei war.

Was aber nicht der Fall war?
Ich weiß es nicht, auszuschließen ist es nicht. Das andere war die Mitleidlosigkeit, die aus seinen Briefen sprach, vor allem diese eine Stelle: »Brückenkopf über den Donez. 75 m raucht Iwan Zigaretten, ein Fressen für mein MG«, die ich ungeheuerlich fand und mich jedes Mal davon abhielt weiterzulesen.

Nun ist Ihr Bruder nicht gerade der Mittelpunkt, er schwebt mehr über dem Ganzen.
Ich war drei Jahre alt, als er starb, und habe nur eine äußerst blasse Erinnerung an ihn. Trotzdem war er in unserer Familie ständig präsent, als Druck, als atmosphärischer Druck. Karl-Heinz galt immer als Vorbild, das im Krieg als Held gestorben war. Das wurde so nicht gesagt, aber in der Vermittlung galt er als tapferer, anständiger, gehorsamer Junge. Das gaben meine Eltern an mich weiter, als Erziehungsdruck sozusagen, und dem wollte ich auf den Grund kommen. So was braucht Zeit.

Sie haben also den Versuch unternommen, sich biografisch zu verorten und dabei gleichzeitig eine Durchschnittsfamilie zu beschreiben, die sich mitschuldig gemacht hat?
Das ganze Umfeld ist ja sehr wichtig. Letztlich bewegte dieses Umfeld meinen Bru-

der auf eine sanfte Art, sich freiwillig bei der Waffen-SS zu melden. Natürlich finde ich die Leute interessanter, die sich widersetzt haben, eine tolle Sache, aber in meiner Familie war das nicht so. Aus dem kurzen Leben meines Bruders ergeben sich viele Fragen auch für mich: Woher komme ich? Was für eine Erziehung habe ich genossen? Was steckt davon heute noch in mir? Und, ganz wichtig: Wie hätte ich gehandelt? Ich würde es mir zwar wünschen, aber ich kann leider nicht sagen, ich hätte mich ganz verweigert.

Sie schreiben auch, erst nach dem Tod ihrer Mutter und dem ihrer älteren Schwester hätten Sie sich frei gefühlt, dieses Buch zu beginnen.
Ich hatte ein sehr gutes Verhältnis zu meiner Mutter, die eine ganz große Frau war, das muss man mal so sagen. Ich wollte ihre Gefühle nicht verletzen, das stimmt, denn das Buch handelt schließlich viel von meinem Vater, der von ihr merkwürdigerweise nie in Frage gestellt wurde.

Das Buch liest sich zuweilen wie eine Abrechnung mit dem Vater, hat aber auch sehr zärtliche Momente. Es wirkt dann wie eine sensible Annäherung.
Die intensive Auseinandersetzung mit dieser Vaterfigur ist eines der wichtigsten Produkte des Schreibens gewesen. Ich wusste anfangs nicht, was herauskommen würde. Es ist aber durch diese Erinnerungsarbeit und mit dem zeitlichen Abstand ein großes Verständnis für ihn entstanden. Wie wenig ich von seiner Kindheit weiß, wie wenig er erzählt hat! Gerade bei dieser Geschichte mit dem Raben, den er als Kind gezähmt haben und mit dem er dann auf der Schulter herumgelaufen sein soll, wurde mir bewusst, wie einsam er als Junge gewesen sein muss, wie er sich dann später hochgeboxt haben muss.

Sind Ihnen gerade in Bezug auf ihren Vater auch Versäumnisse bewusst geworden?
Das ist im Nachhinein schwer zu sagen. Mein Vater ist einfach zu früh gestorben, da war ich 18 Jahre alt, vielleicht hätte sich unser Verhältnis anders gestaltet. Mit 18 habe ich harte Gefechte mit ihm ausfechten müssen. Ich hatte große Probleme mit seinem autoritären Verhalten, und eine der zentralen Fragen war natürlich, wie er sich, der ja nicht in der Partei war, unter den Nazis verhalten hat. Nur gab es darauf keine Antwort von ihm. Für ihn war ich nicht auf Augenhöhe, ein Kind noch. Und das, obwohl ich als Kürschnergeselle handwerklich bald besser war als er, was natürlich auch viel Konfliktpotenzial barg. Schließlich hat er den Beruf des Kürschners nur erlernt, weil er eine Nähmaschine in den Trümmern gefunden hatte. So war das eben 1945, das sind ja lauter spannende und eigenartige Geschichten.

Trotzdem haben Sie keinen Roman über Ihre Familie geschrieben.
Das hätte ich nicht gekonnt, das war mir sehr früh klar. Ich konnte mir einfach nicht vorstellen, meine Eltern zu fiktionalisieren. Ich wollte strikt trennen zwischen Fiktionen und dem, was wirklich war. Es gibt ja so Wunschvorstellungen, die einem beim Schreiben eines solchen Buches leicht reinlaufen. Ich wollte das in aller Härte.

Geht es Ihnen wie Wolf Biermann, der sagt, über seine Erlebnisse während des Feuersturms 1943 in Hamburg könne er keinen Roman schreiben?
Vielleicht. Diese Erinnerungen sind Bruchstücke, die können nicht durchlaufend erzählt werden, weshalb ich auch diese Methode der kurzen Absätze gewählt habe. Die Dokumente und Erinnerungen sprechen für sich. Man merkt ja sehr gut in den Briefen und Tagebüchern meines Bruders, wie ihm die Möglichkeit, in der Sprache Gefühle auszudrücken, gefehlt haben. Mitleid mit sich selbst wäre aber auch eine Voraussetzung gewesen, Mitleid mit anderen zu haben. Das ist doch fürchterlich:

Da werden ihm beide Beine abgeschossen, und er ist immer noch der brave, tapfere Junge, der seinen Eltern schreibt, sie sollten sich keine Sorgen machen! Hätte er die Möglichkeit gehabt, sich besser auszudrücken, wäre ihm das Fragenstellen nicht von Staats wegen ausgetrieben worden, hätte er vielleicht auch mal ›Nein‹ sagen können.

Man merkt an vielen Stellen des Buches Ihre Ambivalenz. Es ist sehr persönlich, man fühlt mit als Leser, Sie bauen aber immer wieder bewusst distanzierende Momente mit ein. Etwa wenn Sie Ihre Ausbombung in Hamburg schildern, das aber mit dem Satz unterbrechen: ›Juden war das Betreten des Luftschutzraums verboten‹.
Ja, richtig. Das mache ich auch wegen aktueller Diskussionen. Ich schätze es gar nicht, wenn man in Deutschland versuchen sollte, sich eine kollektive Opferrolle buchstäblich zu erarbeiten. Natürlich soll man Verständnis haben mit den Vertriebenen und trauern um die Bombenkriegsopfer, aber man sollte die Gewichte nicht verschieben. Man kann nicht relativieren, was an Grausamkeiten von den Nazis und den Deutschen ausgegangen ist.

Glauben Sie denn, dass es ein Erzähltabu gab, wie es W. G. Sebald in den späten Neunzigern tat? Dass das Schweigen gar eine Scham verbarg, eine These, die Klaus Harpprecht aufgestellt hat?
Das mit der Scham halte ich für Unsinn. Es ist geradezu schamlos über die Ereignisse geredet worden. Auch Sebalds Thesen stimmten einfach nicht. Hans Erich Nossacks Buch DER UNTERGANG war ein zentrales Buch, eine unglaubliche Beschreibung auf nur neunzig Seiten von der Bombardierung Hamburgs, mit einer unglaublichen Schärfe und in einer hohen literarischen Form.

Für Sebald hatte Nossacks Buch keinen künstlerischen Wert.
Ich habe das Buch damals als Student gelesen, mir ist das als sehr wohl kritischer und literarisch interessierter junger Mensch nicht aufgefallen. Aber man findet in vielen Büchern Schilderungen des Luftkriegs, bei Kluge, bei Ledig, auch in meiner Novelle DIE ENTDECKUNG DER CURRYWURST.

In Ihrem neuen Buch äußern Sie immer wieder Ihr Unwohlsein darüber, wie die mündlichen Erzählungen den Schrecken ›domestizieren‹ würden.
Diese Erzählungen begleiteten mich seit meiner Kindheit. Obwohl es um Bombennächte, Vertreibung und Fronterlebnisse ging, veränderten sich diese Erzählungen im Lauf der Jahre zu einer wohlfeilen Unterhaltung. Ich selbst wollte das vermeiden und nicht auf so eine nett-anekdotenhafte Art schreiben. Andererseits gab es die, die alles totschwiegen, die gar nichts erzählten.

Dazwischen gab es nichts?
Das waren die Extreme. Es gab nur wenige, die mit ihrem Sprechen über den Krieg versucht haben, zu verstehen, die das nicht so abgehakt haben, die gefragt haben: Woher kam das? Warum habe ich mich so verhalten? Das hätte ja zu Bewusstseinsveränderungen führen können.

Was bei Ihren Eltern nicht der Fall war.
Bei meiner Mutter schon, auch wenn das kein wirklich kritisches Verstehen war, eher so eine Art unmittelbare Menschlichkeit. Es quälte sie, dass sie nie nachgefragt hatte, wo denn die jüdischen Nachbarn abgeblieben waren. Das wäre der Anfang gewesen, sich über genau so was zu verständigen. Mit einem hartnäckigen Nachfragen fängt alles an. Ich bin zutiefst davon überzeugt, dass man sich entwickeln kann.

Am Ende räumen Sie ein, fast ein bisschen resigniert, noch immer an den Wünschen des Vaters zu arbeiten.
Dieser Satz beruht auf der Lektüre von Alice Millers DRAMA DES BEGABTEN KINDES. Es gibt eben noch bestimmte Kraftfelder, mit denen ich zu tun habe, Wünsche, an denen ich arbeite und die mir teilweise gar nicht bewusst sind. Diese Ansprüche, die mein Vater hatte, etwas sehr gut zu machen, das Optimale rauszuholen, Haltung zu bewahren, die hat man selbst doch sehr internalisiert. Die gebe ich, stark gebrochen zwar, leider oft auch an meine Kinder weiter.

(aus: Gerrit Bartels: ›Ich wollte das in aller Härte.‹ Ein Interview mit dem Schriftsteller Uwe Timm über sein Buch AM BEISPIEL SEINES BRUDERS und die Aufarbeitung deutscher Vergangenheit am Beispiel seiner eigenen und überaus normalen Familie. In: Die Tageszeitung, 13./14. September 2003, S. 17 f.)

JOCHEN HÖRISCH: Abwesend und doch anwesend. UWE TIMMS Familiengeschichte »Am Beispiel meines Bruders«

Material 2

Drei kurze, stilistisch unbeholfene Eintragungen aus dem Kriegstagebuch des sechzehn Jahre älteren Bruders lassen Uwe Timm nicht los. Die erste lautet: »Brückenkopf über den Donez. 75 m raucht Iwan Zigaretten, ein Fressen für mein MG.« Die zweite: »Gelände wird durchkämmt. Viel Beute.« Die dritte: »Hiermit schließe ich mein Tagebuch, da ich es für unsinnig halte, über so grausame Dinge wie sie manchmal geschehen, Buch zu führen.« Der Schriftsteller Uwe Hans Heinz Timm, dessen zweiter Vorname von seinem Vater und dessen dritter von seinem älteren Bruder stammt, führt hingegen Buch – zögerlich, Dokumente und alte Briefe ausbreitend, verstört, sich selbst ins Wort fallend und dennoch, ja, souverän. Sechzig Jahre nach dem Tod des Bruders, der als Mitglied der Waffen-SS 1943 im Russland-Feldzug seinen schweren Verwundungen erlag, schreibt Uwe Timm gegen jede Form des ›Nicht-darüber-Sprechens‹ gegen ›die zur Gewohnheit gewordene Feigheit‹, gegen ›das Totschweigen‹ an.
Wie schwer es fällt, das Nicht-darüber-Sprechen zu brechen, macht jede Seite dieser dichten Prosa deutlich. Der Erzähler liebt die Familienmitglieder, von denen er erzählt – wissend, dass ihr Tod, ihr Verstummen, ihm diese Erzählung erst ermöglicht. Da ist der elegante Vater mit künstlerischen Neigungen, der zeitweise erfolgreich, dann aber ökonomisch scheiternd dem ungeliebten Zufallsberuf des Kürschners nachgeht und der sich trotz seiner rechtsnationalen Einstellung weigert, den Nazis beizutreten, weil die ihm ›zu rabaukenhaft‹ sind; da ist die in jeder Weise liebevoll sorgende Mutter, die (eine der frühesten Erinnerungen des Erzählers) das dreijährige Kind nachts in einen Kinderwagen legt, mit nassen Handtüchern zudeckt und durch das infernalisch brennende Hamburg schiebt; da ist die ältere Schwester, der das Leben und die Liebe lange nicht gelingen wollen und die dann doch noch ein kurzes, spätes Glück erfährt; und da ist der Bruder, von dem in der Erinnerung nur die Szene bleibt, mit der das Buch anhebt: »Erhoben werden – lachen, Jubel, eine unbändige Freude.« Der große Bruder kommt heim und hebt den kleinen Nachkömmling empor. Alsbald ist er nur noch als Abwesender anwesend.
Uwe Timm berichtet von einer liebenswerten Familienbande; und eben weil sie liebenswert ist und geliebt wird, eben weil es sich ersichtlich nicht um böse Charaktere handelt, erschrickt er über diese Figuren, ja noch über sich selbst. Die Geschichte des älteren Bruders, der auf seine Zugehörigkeit zur Waffen-SS so stolz ist, ist nur als Familiengeschichte möglich. Das intellektuell wie emotional Erregende an dieser

Familiengeschichte ist die Illusionslosigkeit, mit der Uwe Timm in Erscheinung treten lässt, dass die Geschichte seiner durch und durch normalen Familie die Geschichte einer eben nicht monströsen, sondern sich seltsam automatisch einstellenden Anormalität ist. Ihr Kern ist eine Lebensform, die das Schweigen und das Tabu kennt und anerkennt. Um das beispielhaft zu illustrieren, wie der Titel von Uwe Timms Buch es anzeigt: Immer wieder betont die gängige Rede der Familie, wenn sie denn überhaupt auf die SS-Mitgliedschaft zu sprechen kommt, dass der Sohn ja ›nur‹ in der Waffen-SS und diese ›anständig‹ gewesen sei. Anständig erzogen wird auch der nachgeborene Sohn. Er lernt noch in den fünfziger Jahren, die Hacken zusammenzuschlagen und einen Diener zu machen. Was ihn nicht dagegen feit, später einer Partei beizutreten, bei der Autoritätsglaube und Widerstandsgeist in eine eigenartige Konstellation treten. Zu den besonders erhellenden Passagen des Buches gehört die, in der Uwe Timm über seinen Beitritt zur und über seinen Austritt aus der DKP sowie über beider Zusammenhang mit seiner verschwiegenen Sozialisationslogik nachdenkt: fraglos einem Verband zuzugehören.»Als die Differenzen zunahmen und ich die Partei verliess, peinigte mich am meisten der Gedanke, die Genossen im Stich zu lassen.«

Dass dies keine Schande sein muss, sondern eine Leistung sein kann: das Falsche und notfalls eben auch sich selbst im Stich zu lassen, gehört zu den bewegenden Einsichten des schmalen Buches. Nicht umsonst spielt die frühe Erfahrung der »Degradierung der Väter« nach dem Krieg eine für die intellektuelle und emotionale Sozialisation des Erzählers entscheidende Rolle.»Die Demütigung der Vätergeneration durch Amerika. [...] Dessen Wertvorstellungen, dessen Kultur wurde übernommen. Eine Kränkung derer, die glaubten, der auserwählten Rasse zuzugehören. Die Ehre. Und jetzt bückten sie sich nach Zigarettenkippen und mussten sich umziehen lassen. Allein das Wort Umerziehung: Reeducation.«

Uwe Timm hat eine ebenso dichte wie aussagekräftige Familiengeschichte vorgelegt. Ihre analytische Kraft bezieht sie daraus, dass sie so aufmerksam dem vermeintlich Unwichtigen nachfragt: der Lebensform des ›Nicht-darüber-Sprechens‹ und des allzu Selbstverständlichen, die systematisch verformt. Vorangestellt sind den Aufzeichnungen Verse des amerikanischen Dichters Carlos Williams, die auf die unheimlichen Dimensionen noch eines geglückten Lebens nach 1945 verweisen und die missverstünde, wer sie als Plädoyer für die Maxime ›Lassen wir darüber Gras wachsen‹ läse: »above the battle's fury −/clouds and trees and grass −«.

(aus: Neue Zürcher Zeitung, Nr. 208, 9. September 2003, S. 37, Internationale Ausgabe)

Material 3
EKKEHART RUDOLPH: Familienbild mit Unschärfen
Uwe Timm rechnet ab: »Am Beispiel meines Bruders«

Nicht nur um den Bruder geht es im neuen Buch von Uwe Timm. Im Blickfeld des Autors steht die ganze Familie, vor allem der Vater. Der Bruder, Jahrgang 1924, starb mit neunzehn als Soldat an der Ostfront. Er war sechzehn Jahre älter als der 1940 geborene Uwe Timm, der daher kaum Erinnerungen an den blonden Sturmmann einer Eliteeinheit der Waffen-SS hat. Außer einer flüchtigen Begegnung im Alter von drei Jahren kennt er den Bruder nur aus den Stichworten eines Kriegstagebuchs, aus wenig aufschlussreichen Feldpostbriefen und aus den Erzählungen der Mutter, des Vaters, der Schwester.

In der Familie blieb der Tote immer gegenwärtig als einer, »der nicht log, der immer aufrecht war, der nicht weinte, der tapfer war, der gehorchte«. Als Vorbild also. Dieses Prädikat bekam Uwe Timm von seinem Vater nicht. Als Nachkömmling war er naturgemäß anders als der Bruder: nicht durch Hitlerjugend, Arbeitsdienst und Militär auf Disziplin und Gehorsam abgerichtet. Dadurch gewann er kritische Distanz gegenüber den traditionellen Autoritäten. Das führte zu Konflikten mit dem Vater, der auch nach dem Kriege an seinen herkömmlichen Überzeugungen festhielt. Gewiss haben diese Spannungen die Spurensuche nach dem Wesen und dem Weg des toten Bruders mit veranlasst. Zwangsläufig kam er dabei am Vater nicht vorbei. Der stand zwischen ihm und dem Bruder, und immer war er dem Bruder näher, schon weil er mit ihm gleiche Erfahrungen teilte: die Jahre des Nationalsozialismus, die Härte der Kriegseinsätze. Der Vater war genauso Soldat gewesen wie sein ältester Sohn. Beide gehörten sie, wie Mutter und Schwester, zur Kriegsgeneration.

Uwe Timm versucht mit seinem Buch, ein Porträt dieser Generation zu zeichnen. Dafür steht ihm die eigene Familie Modell. Mutter und Schwester erscheinen in ihren subalternen Rollen, der Bruder schattenhaft neben dem Vater, der das Familienbild dominiert. Seine Darstellung gerät dem Autor zur Abrechnung. Er porträtiert ihn als Glied der Generation, die in blindem Nationalismus Europa mit einem blutigen Krieg überzogen und die Massenmörder hervorgebracht hat, die den deutschen Namen ein für alle Mal besudelt haben. Timm beschuldigt den Vater nicht als Täter, doch unterstellt er ihm Mitwisserschaft. Auch der Bruder sei wahrscheinlich kein Täter gewesen, aber, fragt Timm, was hat er als SS-Mann gewusst? Und was hätte der Bruder getan, wäre er als Wachmann in ein KZ versetzt worden? Er hat einen Sowjetsoldaten geschossen und sein Tagebuch notiert: »[...] ein Fressen für mein MG.« Eine Bemerkung, die Uwe Timm verstört, weil sie unmenschlich klingt. Aber er kennt den Krieg nicht, weiß nicht, was ein Frontsoldat, der überleben will, empfindet. Menschlichkeit endet da nicht selten tödlich. Genau deshalb sind Kriege ja so grausig.

An solchen Einsichten fehlt es diesem Buch. Timm wirft der Kriegsgeneration nicht ohne Selbstgerechtigkeit Versagen vor. Aber er fragt nicht nach den Voraussetzungen, die diese Generation blind und widerspruchslos in die Katastrophe führten. Warum hat sich der Bruder denn freiwillig zur Waffen-SS gemeldet? »Aus Idealismus«, sagt die Mutter. Nur: was waren das für Ideale, und warum nahmen die jungen Leute sie ernst? Was bedeutete ihnen die Waffen-SS? Uwe Timm hat das nicht beantwortet. Über den Vater erfahren wir, dass er keinen Beruf erlernt hatte und als Geschäftsmann scheiterte, weil er immer mehr zu sein vorgab, als er in Wirklichkeit war. Er hatte als Soldat an zwei Weltkriegen teilgenommen und zwischendurch in Freikorps gekämpft. Mitglied der NSDAP ist er indessen nie gewesen. Daraus ergeben sich Hinweise zur inneren Biografie des Vaters, die Uwe Timm nicht beachtet.

So bewegend diese Familiengeschichte auch ist: der Generation unserer Eltern und Großeltern wird sie nicht gerecht. Dafür ist sie zu vordergründig, zu einäugig in der Beurteilung derjenigen, die zufällig zur Generation der Täter gehörten, aber selbst nicht Täter waren. Als Nachkomme sollte man sich fragen, wie man sich selbst verhalten hätte.

(aus: Stuttgarter Zeitung Nr. 231, 7. Oktober 2003, S. IX)

Material 4   Hannelore Schroth (1922–1987)

Foto: akg-images

Material 5   ROBERT COHEN: Brief an UWE TIMM über sein Buch
»Am Beispiel meines Bruders«
New York, 22. Oktober 2003

Lieber Uwe,
am vergangenen Wochenende habe ich dein Buch über den Bruder gelesen, dieses genaue, im direkten Gegensatz zu seinem Umfang ungemein schwere Buch, das mich intensiv beschäftigt. Das Schwere besteht für mich vor allem in der Einsicht, welche Qual für den Freund damit verbunden gewesen sein muss, sich dieser Familienvergangenheit zu stellen, in aller Öffentlichkeit, ohne wenn und aber, quasi schutzlos sich auszuliefern diesem Familienabgrund, einer Herkunft, die allem entgegensteht, wofür du in deinem Leben und mit deiner Literatur eingetreten bist. An deinem Bruder zeigst du, wie die ganz normalen Täter entstehen, zugleich ist dein Buch ein Beispiel dafür, wie eine solche normale deutsche Familiengeschichte erzählt werden kann. Alle die erzählerischen Mittel, das Fragmentarische, Achronologische, Montierte, die Formen der Distanz zu dem ›Jungen‹, die reflektierenden, essayistischen Passagen, das kursive Zitieren, die Iterationen usw. – ein ungemein komplexes Gewebe, das zeigt, wie viel verlangt wird, wenn verlangt wird, dass angemessen über diese Vergangenheit gesprochen wird. Mit seinem Thema – dem Erkunden der Täterschaft – steht dein Buch quer zu den eher pseudomutigen neueren

Werken, in denen ›endlich‹ auch vom Leiden der Deutschen gesprochen werden darf. (Ein Leiden, das sehr real war, das ist unbedingt anzuerkennen, und über das gesprochen werden muss, aber auf das Wie kommt es an.) Und es geht auch weit über die sogenannten Väterbücher der 1970er Jahre hinaus, deren Verdienst darin bestand, die Erkundung des alltäglichen Faschismus im eigenen Familienalltag erstmals für eine breite Leserschaft zur Sprache zu bringen, die das aber auf meist unzulängliche Weise taten, wie etwa Christoph Meckel und der ganz unakzeptable Gauch, VATERSPUREN (der historischen Wahrheit näher schien mir da z. B. Ruth Rehmanns DER MANN AUF DER KANZEL).

Ich komme auf diese Väterbücher zu sprechen, weil ihnen ein strukturelles Problem inhärent ist, das mich im Zusammenhang mit deinem, wie schon gesagt, weit bedeutenderen Text erneut beschäftigt: Wie kann man über Täter sprechen, die zugleich die eigenen Väter (oder Brüder) waren? Vorausgesetzt, man hat nicht einen grenzenlosen Hass auf den eigenen Vater, wie (verständlicherweise) etwa Bernward Vesper, so haftet solchen Darstellungen etwas Apologetisches an, unvermeidlicherweise, wie mir scheint. Es kommt, unvermeidlicherweise, die ›menschliche‹ Seite, das Harmlose, Liebenswürdige der Täter zum Ausdruck. Sie waren grosso modo gute Familienväter, liebten ihre Hunde, Musik, aßen gerne gut, machten Witze usw. Die Einsicht, dass das ganz normale Menschen waren, kann die Abscheu vor der Tat relativieren. Browning, über dessen Buch du Wichtiges sagst, hat, wie mir scheint, diese Relativierung dadurch vermieden, dass er den Abgrund zwischen dem Töten und der Normalität so unüberbrückbar wie möglich machte. Vergleichbare Gesten sehe ich bei dir am Werk. Du gibst nicht die (erklärenden, d. h. beruhigenden) Antworten, sondern bürdest der Leserschaft und vor allem dir selbst dieses quälende Nichtverstehenkönnen auf, ohne dadurch das Verhalten der Täter zu fetischisieren. Mehrfach weist du behutsam auf ein mögliches anderes Verhalten hin, ohne Besserwisserei, ohne Heldisches zu verlangen: nur mehr als dieses fraglose Mitmachen.

Ich komme noch auf einen anderen Aspekt, der mich nicht loslässt. Anders als etwa der unneugierige Gauch versuchst du, dem Bruder auf die Spur zu kommen, du recherchierst über die Aktivitäten seiner SS-Einheit – und du findest nichts, was seine unmittelbare Beteiligung am Holocaust belegt. Hier sagt mir mein eigenes Wissen über den Holocaust: Dieser Bruder war beteiligt, der hat Juden, Russen usw. umgebracht, nicht nur im Kampf, sondern als Massenmörder. Wer, wenn nicht ein Mitglied der SS, sollen denn die Täter gewesen sein? Seit bekannt geworden ist, wozu schon ›gewöhnliche‹ Armee- und Polizeieinheiten fähig waren, muss dieser Bruder unbedingt als Typus des Täters gelten. (Du selber zeigst ja mit einer von Trauer getriebenen Insistenz, dass du das in Bezug auf Russen für wahrscheinlich hältst.) Lass mich hier anfügen, und es ist ein wichtiges Anfügen, dass ich mir kaum vorstellen kann, was du durchgemacht hast beim Nachdenken, Verweißen [sic!], Vermuten über das Schlimmste, Äußerste, das der eigene Bruder, der eigene Vater getan haben könnten. Ich kann dir nur den tiefen Eindruck bestätigen, den dieses schutzlose Erkunden mir gemacht hat.

Lieber Uwe, ich fühle mich gespalten. Als einer, der auf jeden Fall zu den Opfern gehört hätte, habe ich das frustrierende Gefühl, dass die Täterschaft zwar grundsätzlich bekannt ist, bei näherem Hinschauen sich aber auflöst in Einzelfälle, die sich der Erfassung entziehen. Das ist das eine. Das andere ist meine Überzeugung, nicht als Jude, als der ich mich im Grunde kaum verstehe, sondern als engagierter Intellektueller, dass es für uns nur diesen von Adorno formulierten Imperativ geben kann: unser Denken und Handeln so einzurichten, »dass Auschwitz sich nicht wiederhole, nichts Ähnliches geschehe«. Dazu ist es notwendig, sich mit der unreduzierbaren Ambiguität der Täter auseinander zu setzen: Sie waren eben zum größten Teil alltägliche Menschen, darauf ist zu beharren, sonst ist der Nazismus nicht zu begreifen. Wenn das richtig ist – und ich bin davon überzeugt –, dann ist dein Buch ein Ereignis, ein großer Beitrag zu dieser nie nachlassenden Anstrengung des Verstehenwollens.

Ich breche hier ab. Lieber Uwe, es ist mir nicht leicht gefallen, diese paar Gedanken zu formulieren, weil es da um das Schwierigste geht, worüber wir sprechen können, und es besteht immer die Gefahr, dass etwas nicht so herauskommt, wie ich es wollte. Betrachte diesen Brief als Entwurf zu einem Gespräch, das ich gerne mit dir führen würde, um diese Gedanken zu präzisieren, zu erweitern und auch zu modifizieren. Und vor allem hoffe ich, dass du in dem Gesagten die hohe Achtung spürst, die ich vor deiner Arbeit habe, zu der ich dich beglückwünsche.

In alter Freundschaft
Dein Robert

(aus: Das Argument. Zeitschrift für Philosophie und Sozialwissenschaften 254. 46. Jahrgang. Heft 1/2004, S. 8 f.)

Material 6

BERND WEGNER: »Deutscher Nationalismus und SS-Ideologie«

Nationalismus setzt traditionellerweise als Bezugswert einen Nationenbegriff voraus; diesen hatte er vor 1918 im Bismarck'schen Nationalstaat gefunden. In der Ära der Konservativen Revolution nun erfuhr der Nationalismus eine eigentümliche Vielgestaltigkeit. So wurden bei den völkischen Gruppen ethnische Begriffe wie ›Rasse‹, ›Volk‹ oder ›Stamm‹ zu den die Nation konstituierenden Werten; als solche waren sie teils biologisch, teils sprachgeschichtlich, zuweilen auch durch Landschaftsgebundenheit definiert. Anders bei den Jungkonservativen, denen die Idee des ›Reiches‹ zum Angelpunkt ihres Nationalismus wurde. Auch sie bedeutete gleichwohl keinen Rekurs auf das Reich Bismarcks, vielmehr eine metaphysisch verklärte Zukunftsverheißung. Der Nationalismus der Nationalrevolutionären schließlich löste sich ganz von konkreten ethnischen oder historischen Leitbildern und erfüllte sich in der Dynamik des Kampfes selber. Die Zielvorstellung der konkreten Nation tritt hier deutlich zurück gegenüber dem reinen ›In-Bewegung-Sein‹. Die verblüffende Vielfalt und Unbestimmtheit neukonservativer Nationalismen in der Zeit der Weimarer Republik kann indessen nicht darüber hinwegtäuschen, dass all den genannten Auffassungen Eigenschaften gemeinsam waren, die nicht allein eine entschiedene Abkehr vom wilhelminischen ›Hurra-Patriotismus‹ erkennen lassen, sondern zugleich das Grundmuster eines späteren SS-Nationalismus. Unter diesem Aspekt sind vor allem vier Charakteristika hervorzuheben: Erstens war der revolutionär-konservative Nationalismus in fast allen seinen Erscheinungsformen zukunftsbezogen, d. h. er sah weder in den territorialen noch in den politischen und sozialen Verhältnissen der Weimarer Demokratie eine Basis seiner Verwirklichung. Er empfand sich folglich nicht, wie der traditionelle Nationalismus, als ein Element zur Festigung und Stärkung des bestehenden Staates, sondern als Motor seiner Überwindung. Die Realisierung seines Programms war nicht aktuelle Möglichkeit, sondern Zukunftstraum.

Zum zweiten zeichnete sich der Nationalismus der Konservativen Revolution dadurch aus, daß er keinen durch Staatsgrenzen definierten Nationenbegriff mehr kannte. Diese Tatsache unterscheidet ihn ebenso vom wilhelminischen Nationalismus wie vom Revisionismus der den Weimarer Staat tragenden Parteien und erklärt seine kompromisslose Aggressivität. Der Bezug auf völkerrechtlich kaum zu legitimierende biologische, kulturelle oder historische Stammesverwandtschaften oder gar nur auf das vermeintliche Recht des Stärkeren verlieh dem neuen Nationalismus einen mehr oder minder augenfälligen Zug von Imperialismus oder machte ihn doch zur geeigneten Rechtfertigung für diesen.

Damit ist die dritte gemeinsame Eigenschaft der revolutionären Nationalisten angesprochen: das von ihnen erträumte Reich war nur als weltpolitisch mächtiger Staat vorstellbar. Obgleich ein traditionelles Element des preußisch-deutschen Nationalismus, gewann der Großmachtgedanke der Konservativen Revolution angesichts der militärischen Niederlage Deutschlands und der ihr folgenden Neuordnung Europas als Form konservativer Realitätsflucht besondere Virulenz; das realpolitische Kalkül über den Weg zur Weltmacht trat dabei zunehmend in den Hintergrund zugunsten eines weithin irrealen und bizarren Sozialdarwinismus.

Der vierte bedeutsam scheinende Faktor ist in der Tatsache zu sehen, dass allen Nationalismus-Varianten der Konservativen Revolution das Modell einer konfliktfreien Gesellschaft zugrunde lag. Nun war zwar die Vorstellung, dass politische, soziale und ökonomische Interessengegensätze die nationale Einheit schwächen und darum möglichst zu unterbinden seien, keineswegs neu, doch erfuhr auch sie nach dem Kriege eine besondere Akzentuierung. Die in der Jugendbewegung kultivierte Idee des ›Bundes‹, das Kampferlebnis des Ersten Weltkrieges und das Leiden an der inneren Zerrissenheit der Republik hatten nämlich in den Kreisen der Konservativen Revolution einem Gemeinschaftsmythos Vorschub geleistet, der sich gegen den rationalistischen Begriff der ›Gesellschaft‹ ebenso abzusetzen trachtete wie gegen jeden ›westlerischen‹ Individualismus. Die ›Volksgemeinschaft‹ war diesem Verständnis zufolge nichts anderes als die höchste Stufe eines organisch gewachsenen Kollektivs. Einheitlichkeit und Geschlossenheit waren innerhalb solcher Gemeinschaft die Zeichen äußersten nationalen *Willens* und unabdingbare Voraussetzungen der Stärke, während Interessenkonflikte nur als ein bedauernswerter Mangel an ›Wir-Gefühl‹ interpretiert wurden. Die Revolutionär-Konservativen griffen mit ihrer Forderung nach Einheit und Gemeinschaft, deren psychologische Wirkung in einer Zeit ökonomischer, sozialer und geistiger Entwurzelung kaum zu überschätzen ist, in mindestens zweierlei Hinsicht über das traditionelle Gesellschaftsbild des deutschen Konservatismus hinaus. Zum einen neigten sie, wie das Schlagwort von der ›totalen Mobilmachung‹ andeutet, zu einer ordnungspolitischen Ausrichtung *aller* Bezirke geistigen und kulturellen Lebens, weit über die Sphäre des unmittelbar Politischen hinaus; zum anderen plädierten sie, in Erinnerung an *die* ›Ideen von 1914‹ und unter dem Leitbild eines antimarxistischen ›deutschen Sozialismus‹ für die Integration der Arbeiterschaft in die große Gemeinschaft: »der wertvolle Teil der deutschen Arbeiterschaft«, so forderte Oswald Spengler wenige Jahre nach Ende des Weltkrieges, »in Verbindung mit den besten Trägern des altpreußischen Staatsgefühls, beide entschlossen zur Gründung eines streng sozialistischen Staates, zu einer Demokratisierung im *preußischen* Sinne, durch eine Einheit des Pflichtgefühls, durch das Bewusstsein einer großen Aufgabe, durch den Willen, zu gehorchen, um zu herrschen, zu sterben, um zu siegen, durch die Kraft ungeheure Opfer zu *bringen,* um das durchzusetzen, wozu wir geboren sind, *was wir sind,* was ohne uns nicht dasein würde« (Preußentum und Idealismus. München 1922, S. 98 f.).

Die Ideologie der SS scheint hier in der Tat vorweggenommen. Die vorstehenden Ausführungen mögen genügen, um am Begriff des Nationalismus einen Prozeß semantischer Verschiebung zu erläutern, der – gleichsam unter der Decke eines konventionellen Wertevokabulars – eine weltanschauliche Neuorientierung eines Teils des deutschen Bürgertums anzeigt. Wieweit die mit dieser Neuorientierung verbundene Zerdehnung traditioneller Wertauffassungen geeignet war, die mentale Bereitschaft zur Bejahung auch der SS-Normen zu fördern, zeigt auch ein Hinweis auf den Wandel des Autoritätsverständnisses.

(aus: Bernd Wegner: Hitlers Politische Soldaten: Die Waffen-SS 1933–1945. Leitbild, Struktur und Funktion einer nationalsozialistischen Elite. Paderborn–München–Wien–Zürich: Schöningh 1999, S. 29–32.)

Material 7

CHARLES W. SYDNOR, JR.: »Zur Geschichte der Waffen-SS-Division ›Totenkopf‹«

Die Hauptperson in SOLDATEN DES TODES [Anm.: Titel des Buches von Sydnor] ist Theodor Eicke [Anm.: erster Kommandeur der SS-Totenkopfdivision]. Obwohl er zu den wichtigsten Gestalten der SS gehörte, waren seine entscheidenden Beiträge zur Entwicklung des SS-Terrorsystems im Dritten Reich vor der Veröffentlichung meines Buches wenig bekannt. Eicke plante und entwickelte als Kommandant von Dachau 1933/34 den Prototyp für alle späteren SS-Konzentrationslager. [...] Viele der Männer, die vor 1939 ihre SS-Karriere in den Lagern unter Eicke begonnen hatten, halfen ihm auch, die SS-Totenkopfdivision aufzubauen, auszubilden und im Frankreich- und Russlandfeldzug zu führen. Die strenge Dienstvorschrift, die Eicke in den Vorkriegsjahren seinen SS-Wachmannschaften aufzwang, sowie das gnadenlose, unmenschliche System der Entbehrungen und brutalen Misshandlungen, das die SS-Aufseher auf sein Geheiß gegenüber den Häftlingen anwandten, machten die SS-Konzentrationslager zu besonders effektiven, tödlichen Instrumenten der Verfolgung. [...] Die Methoden, die in den Konzentrationslagern der SS zur Misshandlung wehrloser Insassen angewandt wurden, erwiesen sich als ebenso wirksam, als wenn die Waffen-SS gegen feindliche Soldaten und Zivilisten Krieg führte. Eicke verband strenge Disziplin, harte Ausbildung und ein Gesetz des unbedingten Gehorsams mit der Erwartung, dass seine Männer alle Feinde ohne Gnade und Barmherzigkeit, mit fanatischer, rücksichtsloser Brutalität behandelten. Dieses Rezept wurde zu dem mächtigsten Impuls, der das Verhalten der SS-Totenkopfdivision im Krieg bestimmte.

(aus: Charles W. Sydnor Jr.: Soldaten des Todes. Die 3. SS-Division ›Totenkopf‹ 1933–1945. Paderborn-München-Zürich: Schöningh, 4. Auflage 2005, S. 288–289)

Material 8

WOLFRAM WETTE: »Das Selbstbild von Frontsoldaten in Feldpostbriefen«

Wer Bestände von Feldpostbriefen studiert, kann sich gelegentlich des Eindrucks nicht erwehren, dass viele der so genannten Landser gar nicht fähig waren, das Kriegsgeschehen um sie herum in angemessene Worte zu fassen, also jenes chaotische Geschehen an der Nahtstelle zwischen Leben und Tod, das die Nerven und die Körper erschütterte, wirklichkeitsgerecht zu beschreiben. Dabei handelte es sich keineswegs nur um intellektuelles Unvermögen oder um Rücksichtnahme auf die Empfänger der Kriegsbriefe, die man nicht ängstigen wollte. Vielen einfachen Soldaten verschlug es angesichts der grässlichen Realität einer Schlacht einfach die Sprache. Das Menschenschlachthaus stellte für sie eine kaum beschreibbare Hölle

dar. Stephen G. Fritz liefert jedoch den Beweis dafür, dass der Historiker des Kriegsalltags nicht verzagen muss: Denn die vergleichsweise wenigen Soldaten, die trotz entsprechender Verbote Tagebücher führten und die in ihren Briefen nach Worten suchten, die über das Triviale hinausgingen, ermöglichen es uns heute, das Erlebnis des Krieges an der Front in allen relevanten Dimensionen nachzuvollziehen. Das Bild, das sich aus den von ihm gesichteten Beobachtungen der einfachen deutschen Durchschnittssoldaten ergibt, beschreibt Fritz als »subtil, komplex und in seiner Botschaft widerspruchsvoll«. Der Autor bringt diese Ambivalenz folgendermaßen auf den Punkt: »Kriege sind ein schmutziges Geschäft, aber die Geschichte der Landser zeigt, dass nicht alle, die Kriege führen, miese Kerle sein müssen.«
Das Selbstbild vieler Wehrmachtsoldaten, trotz Tod und Zerstörung ›anständig‹ geblieben zu sein, beherrschte zumal die nach 1945 unternommenen Rückblicke. Als anständig empfand sich ein Landser, wenn er seine Kameraden nicht im Stich ließ, auf die er seinerseits angewiesen war, wenn er inmitten einer Flut von Verwirrung, Angst, Leid und Entsetzen seine Pflicht tat wie die anderen auch, sich nicht vor Gefahren drückte und stolz auf seine Opferbereitschaft war. Anständigkeit betraf also primär die Einstellung zum Krieg und das Innenverhältnis der kleinen Gruppe, in der ein Soldat kämpfte und zu überleben versuchte. Das Außenverhältnis konnte dabei durchaus ›ohne Gesetz‹, ohne jede humane Orientierung sein und die Formen entfesselter Vernichtung annehmen, die in Briefen vom östlichen Kriegsschauplatz denkbar drastisch und wahrheitsgetreu geschildert werden.
Man erschoss Kriegsgefangene und Partisanen, Überläufer, Kommissare, Juden, zerstörte ganze Dörfer und vernichtete ihre Bewohner, und zwar, wie ein Landser nach dem Kriege schrieb, »stets in dem Bewusstsein, als gute Soldaten unsere harte Pflicht zu erfüllen«. Nach dem Kriege bekannte ein Landser: »Ich hatte ohne Einschränkung die brutale Anschauung übernommen, dass Macht Recht schaffe.«
Der Historiker Fritz (*Hitlers Frontsoldaten. Der erzählte Krieg*. Berlin 1990. Anm. C. K.) kommt angesichts der Briefe und Tagebücher zu dem Ergebnis, »dass es in der Truppe in Russland ein derart auffälliges Einverständnis mit der Auffassung des NS-Regimes vom bolschewistischen Feind und von dessen Behandlung gab, dass sich viele Soldaten bereitwillig an Mordaktionen beteiligten«. Mehr noch: Eine überraschend große Zahl von Landsern hatte sich die nationalsozialistische Weltanschauung insgesamt zu eigen gemacht. Diese Soldaten kämpften nicht nur, weil die terroristische Kriegsmaschinerie ihnen keine andere Wahl ließ, sondern weil sie von den politisch vorgegebenen Kriegszielen und den von der NS-Propaganda angebotenen – metaphysischen Sinngebungen überzeugt waren.
Im vielleicht stärksten Kapitel seines Buches mit der Überschrift »Der Versuch, die Welt zu verändern« belegt der Autor auf breiter alltagsgeschichtlicher Quellenbasis, in welchem Ausmaß die meisten deutschen Landser glaubten, dass sie nicht nur die Mission hätten, Deutschland und Europa vor dem Bolschewismus zu bewahren, sondern auch, die Welt im Sinne der nationalsozialistischen Volksgemeinschaftsidee und Rassenideologie mit Gewalt zu verändern. Nach dem Kriege vermischte sich die Erinnerung an die bestandenen Todesgefahren und Entbehrungen aller Art mit dem fehlenden oder verdrängten Unrechtsbewusstsein zu der Vorstellung, der Frontsoldat sei nicht Täter, sondern Opfer gewesen. Doch die ›bittere Wahrheit‹ bestand darin, dass sie vom Idealismus erfüllte Instrumente Hitlers waren.

(aus: Wolfram Wette: Die Wehrmacht. Feindbilder. Vernichtungskrieg. Legenden. Darmstadt: Wissenschaftliche Buchgesellschaft 2002, S. 178–180)

Material 9 — WOLFRAM WETTE: »Die Wehrmacht in der Vergangenheitspolitik der Ära Adenauer (1949–1954)«

Den Prozess der Legendenbildung um die ›saubere Wehrmacht‹ in den 50er Jahren hat der Zeithistoriker Norbert Frei recht genau beschrieben. In einem im *Spiegel* publizierten Essay mit dem Titel DAS GANZ NORMALE GRAUEN ging er speziell der Frage nach, welches Bild in der Ära Adenauer von der Wehrmacht gezeichnet wurde, und zwar nicht durch Memoiren Beteiligter oder Illustriertenromane, sondern durch die offizielle Politik.

Als charakteristisch für die ›vergangenheitspolitische‹ Atmosphäre im Westdeutschland der frühen 50er Jahre kann die folgende – von Frei geschilderte – Szene gelten: Im Herbst des Jahres 1952 gelang zwei deutschen Kriegsverbrechern die Flucht aus dem Zuchthaus Werl. Einer der beiden Entflohenen, Wilhelm Kappe, wegen Erschießung eines russischen Kriegsgefangenen von den Briten zu lebenslanger Haft verurteilt, tauchte anschließend im ostfriesischen Aurich bei seinen Verwandten auf. Wilhelm Heidepeter, Fischhändler und Fraktionsvorsitzender der SPD in Aurich, erfuhr davon und informierte die Polizei. Kappe konnte jedoch wieder fliehen und sich auf die Solidarität von Bevölkerung und Presse verlassen. Heidepeter hingegen sah sich als ›Denunziant‹ verfolgt. Mit Knüppeln bewaffnete Bürger der Stadt zogen vor sein Haus, warfen das Schaufenster ein und schrieben auf ein Transparent: »Hier wohnt der Verräter«. Glücklicherweise war der Mann inzwischen geflüchtet. So musste er nicht mit ansehen, wie ihn seine Genossen aller Ämter enthoben und ein Parteiausschlussverfahren gegen ihn beantragten. In der deutschen Publizistik erhob sich keine Stimme, die Heidepeter verteidigt hätte. Das bedeutet: Die übergroße Mehrheit der Bevölkerung dachte ›deutsch‹, wie es einst in der nationalsozialistischen ›Volksgemeinschaft‹ üblich gewesen war. Sie akzeptierte den Vorwurf des Kriegsverbrechens im Grunde genommen nicht, deckte die Verurteilten, solidarisierte sich mit ihnen und verlangte ihre Freilassung, möglichst in der Form einer Generalamnestie. Presse und Politik sangen – mit Variationen – das gleiche Lied.

Die Vertreter der Besatzungsmächte mussten die deutsche Öffentlichkeit von Zeit zu Zeit daran erinnern, dass die verurteilten Kriegsverbrecher schließlich nicht ohne Grund inhaftiert waren. In diesem Falle erklärte der britische Hohe Kommissar Sir Ivone Kirkpatrick: »Fast alle Männer und Frauen, die hier in Frage stehen, sind überführt worden, entweder an der Ermordung oder Misshandlung alliierter Staatsangehöriger in Sklaven-Arbeitslagern oder Konzentrationslagern beteiligt gewesen zu sein.«

Aber den Deutschen fehlte offenbar das Unrechtsbewusstsein.

Sie hatten sich längst daran gewöhnt, von ›sogenannten Kriegsverbrechern‹ zu sprechen und ihre Entlassung zu fordern. Bereits Ende 1950 war der amerikanische Hohe Kommissar McCloy mit Morddrohungen terrorisiert worden, weil er sich geweigert hatte, im Zuchthaus Landsberg einsitzende Kriegsverbrecher (›Todeskandidaten‹) zu begnadigen. McCloy war geradezu verzweifelt darüber, dass die Deutschen die ›Enormität‹ des Geschehenen nicht einsehen wollten.

In der Tat gab es im ersten Jahrfünft der Bundesrepublik einen breiten, parteiübergreifenden Konsens, wie mit der Vergangenheit aktuell und künftig verfahren werden sollte. Es müsse »endlich ein Schlussstrich« gezogen werden, lautete die drohend vorgetragene Forderung. Es ist erstaunlich, mit welch enormer Energie und konsequenter Systematik in den Gründungsjahren unserer Republik daran gearbeitet wurde, Aufklärung über NS- und Kriegsverbrechen im Keime zu ersticken. Faszinierend und erschreckend abschreckend ist es zu sehen, wie die Kriegsgeneration ihre Vergangenheit gleichsam zubetonierte und dreistes Unrechtsbewusstsein zur Norm erhob. Geradezu verstörend wirkt dabei der Befund, dass es immer wieder zu Solidarisierungen von einfachen Jasagern mit den wirklichen Kriegsverbrechern kam, was mit den realen Interessen der übergroßen Mehrheit schlechterdings nicht erklärt werden kann. Frei sieht darin »ein indirektes Eingeständnis der gesamtgesellschaftlichen Verstrickung in den Nationalsozialismus«. In der Hysterie der Westdeutschen um die Kriegsverbrecher habe die nationalsozialistische Volksgemeinschaft damals in gewisser Weise »ihre sekundäre Bestätigung« erfahren.

Die Interessen NS-belasteter Bevölkerungskreise wurden in der deutschen Innenpolitik der Jahre 1949 bis 1954 unter anderem vertreten von einflussreichen Heimkehrer- und Soldatenverbänden, auch von den Kirchen, und dann aufgegriffen von den politischen Parteien, von der Bundesregierung, eingeschlossen den »notorischen Zivilisten« Adenauer, sowie von den überregionalen Printmedien. Wichtige Stationen in der Freisprechung der Täter stellten die »Bundesamnestie« von 1949 dar, die Empfehlungen des Bundestages zum Abschluss der Entnazifizierung von 1950, das »131er«-Gesetz von 1951 und das zweite Straffreiheitsgesetz von 1954. Alle diese Gesetzgebungswerke und die mit ihnen zusammenhängenden administrativen Entscheidungen verfolgten ein gemeinsames Ziel: »Strafaufhebungen und Integrationsleistungen zugunsten des Millionenheeres ehemaliger Parteigenossen«.

Im Hinblick auf die Rehabilitierungsbemühungen der Angehörigen der ehemaligen Wehrmacht-Führungsschicht ist zu registrieren, dass es schon 1950/51 gleichsam zu einem Wettlauf der Politiker um die Gunst ehemaliger Wehrmachtsoldaten kam. Diese wurden jetzt im Vorfeld der Wiederbewaffnung umworben. Im Wahlkampf-Sommer des Jahres 1953 pilgerte Bundeskanzler Adenauer demonstrativ zum britischen Kriegsverbrecher-Gefängnis nach Werl. Auch diese Geste trug dazu bei, dass die Regierungsparteien wenig später mit einer Zweidrittelmehrheit siegreich aus den Bundestagswahlen hervorgingen.

In der ersten Hälfte der 50er Jahre wurde die Schuld am Krieg und an den Schandtaten des NS-Regimes allein auf Hitler und eine kleine Clique von ›Hauptkriegsverbrechern‹ hin kanalisiert. Die übrigen Deutschen billigten sich selbst großzügig den Status von politisch ›Verführten‹ zu, die, wenn man es nur richtig betrachtete, selbst ›Opfer‹ waren. Mit dieser Verdrängung der Realität korrespondierte die Eingliederung der alten NS-Eliten in die Gesellschaft der Bundesrepublik. Ende der 50er Jahre galt in der deutschen Öffentlichkeit die Unschuld der Generäle als ausgemacht: »Als die Amerikaner 1958 Landsberg aufgaben [das Zuchthaus, in dem bis dahin verurteilte deutsche Kriegsverbrecher gefangen gehalten wurden, d. Verf.], war die von der Mehrheit der Deutschen nie akzeptierte Wahrheit des auch von der Wehrmacht geführten Vernichtungskrieges längst passe. Was lebte, war die Legende eines ›normalen Krieges‹: das Ehren-Epos vom ›unbefleckten Schild‹ der Wehrmacht, das es Millionen deutscher Landser erlaubte, das Andenken ihrer gefallenen Kameraden zu wahren und im eigenen opferreichen Einsatz einen Sinn zu erblicken.«

(aus: Wolfram Wette: Die Wehrmacht. Feindbilder. Vernichtungskrieg. Legenden. Darmstadt: Wissenschaftliche Buchgesellschaft 2002, S. 234–237)

Material 10 a »Was wir sind, ist nichts, was wir suchen, alles!« (Aus dem Aufsatz des Abiturienten G. v. H, Große Stadtschule zu Rostock, vom 24. Februar 1943)

Auch heute zeigt der junge Volksstaat in der Parole ›Gemeinnutz geht vor Eigennutz‹ die Einstellung, die den deutschen Staat groß gemacht hat. ›Alles gewinnen oder alles verlieren‹, hämmert der Nationalsozialismus dem Volk ins Bewusstsein. Der Heldentod deutscher Soldaten am Wolchow und am Ilm-See, der ›Opfergang‹ der 6. Armee in Stalingrad sind die Marksteine am Wege der deutschen Größe. Sich selbst zurückstellen, seinem Vaterland alles darbringen, ist die höchste Vollendung, die deutsches Mannestum erfahren kann.

Das höchste Ziel der Vollendung aber ist es und wird es bleiben, solange arische Ideale die Welt beherrschen, im Glauben an des Vaterlandes Größe für es zu kämpfen und sich ihm in Stunden der Not zu weihen, getreu dem stolzen Römergrundsatz: ›Dulce et decorum est pro patria mori!‹*

(aus: Archiv der Hansestadt Rostock. Bestand Große Stadtschule, Nr. 30. Zitiert nach: Geschichte lernen. Sammelband Nationalsozialismus. Velber: Friedrich Verlag 2000, S. 66)

* Deutsche Übersetzung: »Süß und ruhmvoll ist es, für das Vaterland zu sterben.« (Horaz)

Material 10 b »Kampf gegen den Bolschewismus!« (Aufsatz eines Jugendlichen von der Schule Altonaer Straße in Hamburg, Juni 1941)

Nachdem unsere Soldaten Frankreich, Holland, Belgien, Dänemark und Norwegen niedergeworfen und in Polen und Griechenland ihre Macht bewiesen haben, haben sie jetzt auch mutig den Kampf gegen die Bolschewisten aufgenommen. Unser Führer wußte schon lange, daß Rußland seit 1939 bereits Divisionen an der Grenze aufgestellt hatte. Aber während es zuerst zwei waren, wurden heimlich immer mehr daraus, bis es schließlich über hundert waren. Jetzt mußte der Führer eingreifen. Es ist erklärlich, daß, da die Russen sich immer mehr auf einen Krieg vorbereitet haben, sie dann schließlich in Deutschland eingefallen wären […] Die deutschen Truppen haben noch große, schwere Aufgaben zu erfüllen, denn es gilt, die in Rußland vorhandenen Sümpfe zu überqueren. Doch, wenn sie auch dies vollbracht haben werden und in Moskau einmarschiert sind, so wird wieder ein großer Feind niedergeworfen sein. Vielleicht wird England dann ja endlich einsehen, daß es uns niemals besiegen kann, und die ersten Friedensglocken werden läuten.

(aus: Reiner Lehberger/Hans-Peter de Lorent (Hrsg.), *Die Fahne hoch*. Schulpolitik und Schulalltag in Hamburg unterm Hakenkreuz, Hamburg 1986, S. 356 f. Zitiert nach: Geschichte lernen. Sammelband Nationalsozialismus. Velber: Friedrich Verlag 2000, S. 66)

Material 11 Widerstand Jugendlicher in Hamburg

Der Widerstand bzw. die Opposition Jugendlicher gegen das Dritte Reich entwickelte sich spontan. Er war nicht geplant und geregelt wie bei den Jugendorganisationen der SPD oder KPD. In diesen Organisationen wurde der Widerstand aus einer politischen Motivation heraus geführt. Die Motive der allgemeinen Jugendopposition waren unterschiedlich. Ein Teil der Jugendlichen wünschte sich eine freiere Jugendkultur, ein anderer Teil knüpfte an die Traditionen der 1933 verbotenen, bündischen Jugendgruppen an, wieder andere lehnten den Staat aus religiösen Gründen ab. Eine

ganze Reihe Jugendliche gingen aus reiner Abenteuerlust in Opposition. Insgesamt wehrten sich die Jugendlichen gegen den immer stärker werdenden Druck des Staates. Der Widerstand der Jugendlichen, von denen viele anfangs der HJ noch positiv gegenüberstanden, verstärkte sich in dem Augenblick, als der HJ-Dienst immer mehr militärischen Charakter annahm. Die Jugendopposition äußerte sich ganz unterschiedlich. Zum Beispiel:
1. ziviler Ungehorsam (Nichtteilnahme am HJ-Dienst)
2. Aufrechterhaltung traditioneller Gemeinschaften
3. Nonkonformität
4. Ablehnung von NS-Normen (z. B. Herrenmenschentum)
5. zum Teil aktiver Widerstand (Sabotage, Flugblattverteilung)

Aus den Jugendgruppen ging z. B. die ›Weiße Rose‹ hervor. Die Jugendopposition wurde vom NS-Regime sehr ernst genommen. Die Gruppen wurden systematisch verfolgt und drakonisch bestraft. Die Machthaber scheuten sich nicht, Minderjährige mit dem Tode zu bestrafen. Dabei bedienten sie sich auch der Rechtsbeugung. Dem siebzehnjährigen Helmuth Hübner bescheinigte man eine über sein Alter hinausgehende Intelligenz und verurteilte ihn als Erwachsenen, was das Todesurteil zur Folge hatte. Helmuth Hübner hörte so genannte Feindsender ab und verbreitete die Nachrichten auf Flugblättern.

Im Folgenden möchte ich auf zwei dieser jugendlichen Protestgruppen näher eingehen. Es handelt sich um die Swing-Jugend und die Edelweißpiraten, zwei Jugendgruppen, die man faktisch zum vergessenen Widerstand rechnen kann.

Die Swing-Jugend
Die Mitglieder der Swing-Jugend stammten aus dem großstädtischen Gewerbebürgertum. Sie orientierten sich nicht an den Werten und Traditionen der bündischen Jugend und hatten wenig Interesse an Politik. Vielmehr wollte die Swing-Jugend ein freieres Leben und ihre eigene Kultur haben. Das brachte sie durch ihr Interesse für die Jazz-Musik und den amerikanisch-englischen Lebensstil zum Ausdruck. Man hörte englische und amerikanische Schallplatten, kleidete sich dementsprechend, gründete Swing-Bands und veranstaltete Swing-Parties. Die Kleidung der Swing-Jungen bestand aus extrem langen Jacketts mit großem Karomuster, weitgeschnittenen Hosen und einem nie aufgespannten Regenschirm, als eine Art Kultobjekt. Außerdem trugen sie längere Haare, die bis zum Jackettkragen reichten. Man begrüßte sich mit ›Swing-Heil‹ und gab sich Spitznamen wie ›Swing-Boy‹, ›Swing-Girl‹ oder ›Old-Hit-Boy‹. Die Swing-Mädchen trugen kurz geschnittene Kleider oder lange Hosen, schminkten sich, benutzten Lippenstift und lackierten sich die Fingernägel. Das alles paßte nicht in die Ideologie der Nazis, besonders bei den Mädchen, die gegen die Nazi-Auffassung ›die deutsche Frau schminkt sich nicht‹ verstießen. Swing war für die NS-Ideologen ›jüdische Niggermusik‹ und deshalb verboten. In den meisten Cafés und Tanzlokalen waren deshalb überall von der Reichsmusikkammer gut sichtbar Schilder angebracht worden, mit der Aufschrift »Swing tanzen verboten«.

»Die Angehörigen der Swing-Jugend stehen dem heutigen Deutschland und seiner Polizei, der Partei und ihren Gliederungen, der HJ, dem Arbeits- und Wehrdienst, samt dem Kriegsgeschehen ablehnend oder zumindest uninteressiert gegenüber. Sie empfinden die nationalsozialistischen Einrichtungen als einen ›Massenzwang‹. Das große Geschehen der Zeit rührt sie nicht, im Gegenteil, sie schwärmen für alles, was nicht deutsch, sondern englisch ist«(Bericht der Reichsjugendführung). Dieses, in den Augen der Nazis abweichende Verhalten führte zu einem unnachgiebigen Vorgehen der NS-Machthaber gegen die Swing-Jugend. In einem Bericht vom 8.1.1942 an den Reichsführer SS Himmler heißt es unter anderem: »In Hamburg hat sich in den Oberschulen bzw. in der Jugend der Kaufmannschaft eine sogenannte Swing-Jugend gebildet, die zum Teil eine anglophile Haltung zeigt […] Da die Tätigkeit dieser Swing-Jugend in der Heimat eine Schädigung der deutschen Volkskraft bedeutet, halte ich die sofortige Unterbringung dieser Menschen in ein Arbeitslager für angebracht […]«

Die für Himmler typische Antwort am 26.1.1942 lautete: »Meines Erachtens muß jetzt das ganze Übel radikal ausgerottet werden. Ich bin dagegen, daß wir hier nur halbe Maßnahmen treffen. Alle Rädelsführer […] sind in ein Konzentrationslager einzuweisen […] Der Aufenthalt im Konzentrationslager für diese Jugend muß ein längerer, 2–3 Jahre sein […] Nur wenn wir brutal durchgreifen, werden wir ein gefährliches Umsichgreifen dieser anglophilen Tendenz in einer Zeit, in der Deutschland um seine Existenz kämpft, vermeiden können.«

Was die NS-Führung von der Swing-Jugend hielt, geht aus der ›Sofort-Aktion gegen die Swing-Jugend‹ vom 18.8.1941 hervor: »[…] Es handelt sich hier z.T. um degenerierte und kriminell veranlagte, mischblütige Jugendliche, die sich zu Cliquen bzw. musikalischen Gangster-Banden zusammengeschlossen haben und die gesund empfindende Bevölkerung durch die Art ihres Auftretens […] terrorisieren […]«

In der Folgezeit wurden über 300 Mitglieder der Swing-Jugend verhaftet. Sie kamen als ›Schutzhäftlinge‹ ins Hamburger Gestapo-Gefängnis und ins KZ Fuhlsbüttel. Die Verachtung der Nazis gegenüber der Swing-Jugend zeigte sich darin, dass sie dort zu besonders schweren Arbeiten herangezogen wurden.

Die Verhaftungswelle hatte zur Folge, dass einige Swing-Jugendliche begannen, den Nationalsozialismus auch politisch abzulehnen. Sie fingen an, antifaschistische Flugblätter zu verteilen. Das hatte wiederum zur Folge, dass sie mit dem Hamburger Teil der ›Weißen Rose‹ in Kontakt kamen. Es handelte sich um drei Mitglieder der ›Weißen Rose‹, die mit dem Lebensstil der Swing-Jugend sympathisierten. Zu einer regelrechten Zusammenarbeit mit den Swings kam es allerdings nicht. Doch dieser bloße Kontakt reichte den NS-Machthabern, auch einige Swings wegen Hochverrat, staatsfeindlicher Propaganda und Wehrkraftzersetzung vor dem Volksgerichtshof anzuklagen. Der Prozeß und die zu erwartenden Todesurteile wurden durch den Einmarsch der Alliierten verhindert. […]

(aus: Kids im Nazi-Regime. Widerstand Jugendlicher gegen den Nationalsozialismus von Michael Lichte, www.shoahproject.org/daten/dachau/dachau03.htm
© Birgit Pauli-Haack 1997)

Material 12

GEBRÜDER GRIMM: »Blaubart«

In einem Walde lebte ein Mann, der hatte drei Söhne und eine schöne Tochter. Einmal kam ein goldener Wagen mit sechs Pferden und einer Menge Bedienten angefahren, hielt vor dem Haus still, und ein König stieg aus und bat den Mann, er möchte ihm seine Tochter zur Gemahlin geben. Der Mann war froh, daß seiner Tochter ein solches Glück widerfuhr, und sagte gleich ja; es war auch an dem Freier gar nichts auszusetzen, als daß er einen ganz blauen Bart hatte, so daß man einen kleinen Schrecken kriegte, so oft man ihn ansah. Das Mädchen erschrak auch anfangs davor, und scheute sich ihn zu heirathen, aber auf Zureden ihres Vaters, willigte es endlich ein. Doch weil es so eine Angst fühlte, ging es erst zu seinen drei Brüdern, nahm sie allein und sagte: »liebe Brüder, wenn Ihr mich schreien hört, wo ihr auch seyd, so laßt alles stehen und liegen und kommt mir zu Hülfe.« Das versprachen ihm die die Brüder und küßten es, »leb wohl, liebe Schwester, wenn wir deine Stimme hören, springen wir auf unsere Pferde, und sind bald bei dir.« Darauf setzte es sich in den Wagen zu dem Blaubart, und fuhr mit ihm fort. Wie es in sein Schloß kam, war alles prächtig, und was die Königin nur wünschte, das geschah, und sie wären recht glücklich gewesen, wenn sie sich nur an den blauen Bart des Königs hätte gewöhnen können, aber immer, wenn sie den sah, erschrack sie innerlich davor. Nachdem das einige Zeit gewährt, sprach er: »ich muß eine große Reise machen, da hast du die Schlüssel zu dem ganzen Schloß, du kannst überall aufschließen und alles besehen, nur die Kammer, wozu dieser kleine goldene Schlüssel gehört, verbiet' ich dir; schließt du die auf, so ist dein Leben verfallen.« Sie nahm die Schlüssel, versprach ihm zu gehorchen, und als er fort war, schloß sie nach einander die Thüren auf, und sah so viel Reichthümer und Herrlichkeiten, daß sie meinte aus der ganzen Welt wären sie hier zusammen gebracht. Es war nun nichts mehr übrig, als die verbotene Kammer, der Schlüssel war von Gold, da gedachte sie, in dieser ist vielleicht das allerkostbarste verschlossen; die Neugierde fing an sie zu plagen, und sie hätte lieber all das andere nicht gesehen, wenn sie nur gewußt, was in dieser wäre. Eine Zeit lang widerstand sie der Begierde, zuletzt aber ward diese so mächtig, daß sie den Schlüssel nahm und zu der Kammer hinging: »wer wird es sehen, daß ich sie öffne, sagte sie zu sich selbst, ich will auch nur einen Blick hineinthun.« Da schloß sie auf, und wie die Thüre aufging, schwomm ihr ein Strom Blut entgegen, und an den Wänden herum sah sie todte Weiber hängen, und von einigen waren nur die Gerippe noch übrig. Sie erschrack so heftig, daß sie die Thüre gleich wieder zuschlug, aber der Schlüssel sprang dabei heraus und fiel in das Blut. Geschwind hob sie ihn auf, und wollte das Blut abwischen, aber es war umsonst, wenn sie es auf der einen Seite abgewischt, kam es auf der andern wieder zum Vorschein; sie setzte sich den ganzen Tag hin und rieb daran, und versuchte alles Mögliche, aber es half nichts, die Blutflecken waren nicht herabzubringen; endlich am Abend legte sie ihn ins Heu, das sollte in der Nacht das Blut ausziehen. Am andern Tag kam der Blaubart zurück, und das erste war, daß er die Schlüssel von ihr forderte; ihr Herz schlug, sie brachte die andern und hoffte, er werde es nicht bemerken, daß der goldene fehlte. Er aber zählte sie alle, und wie er fertig war, sagte er: »wo ist der zu der heimlichen Kammer?« dabei sah er ihr in das Gesicht. Sie ward blutroth und antwortete: »er liegt oben, ich habe ihn verlegt, morgen will ich ihn suchen.« – »Geh lieber gleich, liebe Frau, ich werde ihn noch heute brauchen.« – »Ach ich will dirs nur sagen, ich habe ihn im Heu verloren, da muß ich erst suchen.« – »Du hast ihn nicht verloren«, sagte der Blaubart zornig, »du hast ihn dahin gesteckt, damit die Blutflecken herausziehen sollen, denn du hast mein Gebot übertreten, und bist in der Kammer gewesen, aber jetzt sollst du hinein, wenn du auch nicht willst.« Da mußte sie den Schlüssel holen, der war noch voller Blutflecken: »Nun bereite dich zum Tode, du sollst noch heute sterben,« sagte der Blaubart, holte sein großes Messer und führte sie auf den Hausehrn. »Laß mich nur noch vor meinem Tod mein Gebet thun,« sagte sie; – »So geh, aber eil dich, denn ich habe keine Zeit lang zu warten.« Da lief sie die Treppe hinauf, und rief so laut sie konnte zum Fenster hinaus: »Brüder, meine lieben Brüder, kommt, helft mir!« Die Brüder saßen im Wald beim kühlen Wein, da sprach der jüngste: »mir ist als hätt' ich unserer Schwester Stimme gehört; auf! wir müssen ihr zu Hülfe eilen!« da sprangen sie auf ihre Pferde und ritten, als wären sie der Sturmwind. Ihre Schwester aber lag in Angst auf den Knieen; da rief der Blaubart unten: »nun, bist du bald fertig?« dabei hörte sie, wie er auf der untersten Stufe sein Messer wetzte; sie sah hinaus, aber sie sah nichts, als von Ferne einen Staub, als käm eine Heerde gezogen. Da schrie sie noch einmal: »Brüder, meine lieben Brüder! kommt, helft mir!« und ihre Angst ward immer größer. Der Blaubart aber rief: »wenn du nicht bald kommst, so hol ich dich, mein Messer ist gewetzt!« Da sah sie wieder hinaus, und sah ihre drei Brüder durch das Feld reiten, als flögen sie wie Vögel in der Luft, da schrie sie zum drittenmal in der höchsten Noth und aus allen Kräften: »Brüder, meine lieben Brüder! kommt, helft mir!« und der jüngste war schon so nah, daß sie seine Stimme hörte: »tröste dich, liebe Schwester, noch einen Augenblick, so sind wir bei dir!« Der Blaubart aber rief: »nun ists genug gebetet, ich will nicht länger warten, kommst du nicht, so hol ich dich!« »Ach! nur noch für meine drei lieben Brüder laß mich beten.« – »Er hörte aber nicht, kam die Treppe heraufgegangen und zog sie hinunter, und eben hatte er sie an den Haaren gefaßt, und wollte ihr das Messer in das Herz stoßen, da schlugen die drei Brüder an die Hausthüre, drangen herein und rissen sie ihm aus der Hand, dann zogen sie ihre Säbel und hieben ihn nieder. Da ward er in die Blutkammer aufgehängt zu den andern Weibern, die er getödtet, die Brüder aber nahmen ihre liebste Schwester mit nach Haus, und alle Reichthümer des Blaubarts gehörten ihr.

(aus: Grimm, Jacob und Wilhelm: Kinder- und Hausmärchen (1812/15).
In: Digitale Bibliothek Band 80: Deutsche Märchen und Sagen. Hrsg. von Hans-Jörg Uther,
S. 285–289)

Material 13 WILLIAM CARLOS WILLIAMS (1883–1963): »To Mark Anthony in Heaven«

This quiet morning light
reflected, how many times
from grass and trees and clouds
enters my north room
touching the walls with
grass and clouds and trees.
Anthony,
trees and grass and clouds.
Why did you follow
that beloved body
with your ships at Actium?
I hope it was because
you knew her inch by inch
from slanting feet upward
to the roots of her hair
and down again and that
you saw her
above the battle's fury—
clouds and trees and grass—

For then you are
listening in heaven.

Luise Reddemann*: »Die Traumatisierungen der Kriegskinder«

Material 14

Das Thema ›Kriegskinder‹ ist im öffentlichen Diskurs wenig bekannt. Es gibt verschiedene Gründe, warum kriegsbedingte Belastungen bei den deutschen Kriegskindern kaum wahrgenommen wurden. Der Hauptgrund hat wohl mit der Tatsache zu tun, daß die Bearbeitung dessen, was die Deutschen in der Nazizeit angerichtet haben, im Bewußtsein der Deutschen – und selbstverständlich ihrer Opfer – Vorrang hatte. Und das bleibt auch gültig, es ist nur logisch.

Dennoch: wie jeder weiß, waren die Kriegskinder keine Täter. Wie kommt es, daß es uns bisher nicht möglich war, die Kinder aus deren eigener Perspektive zu betrachten? Es wird nötig sein, das zu tun, und dafür unternimmt Sabine Bode mit ihrem Buch einen bedeutsamen Schritt. Ich möchte eine Hypothese wagen: Man hat uns wissen lassen, daß unsere Eltern ›Verbrecher‹ waren oder ›Mitläufer‹, jedenfalls keine ›guten Menschen‹. Es hat niemanden, auch uns selbst nicht, interessiert, was das dem Kind – später dem Kind in uns – ausgemacht hat. Wir haben das geschluckt. Wir waren verwirrt, und was wir auch dachten und taten, es war falsch. Wenn wir die Täterseite in unseren Eltern sahen, dann übersahen wir, daß sie auch Opfer waren, jedenfalls viele. Wenn wir die Opferseite sahen, dann übersahen wir ihre Täterseite.

Man braucht viel innere Arbeit, um beides innerlich auszuhalten. Wir, die Kinder der ›Täter‹ und ›Mitläufer‹, müssen uns heute erlauben, aus der verinnerlichten Sippenhaft herauszutreten und unser eigenes Leben zu wagen. Wir haben uns durch diese verinnerlichte Sippenhaft eines Stücks unseres ureigensten Lebens beraubt. Und es scheint mir an der Zeit, daß wir uns dieses unser Leben zurückholen. Wir werden den Teil, der nicht zu uns gehört, innerlich unseren Eltern zurückgeben müssen und lernen, die Scham und die Trauer zu ertragen, daß sie nicht die Eltern waren, die wir uns wünschten.

In den vergangenen Jahren ist mir in meiner therapeutischen Arbeit immer deutlicher geworden, daß es zwar inzwischen möglich ist, sich mit individuellen Traumata zu beschäftigen, daß es aber ein gesellschaftliches Tabu ist, mit dem noch immer viele identifiziert sind, über die kollektiven Traumatisierungen, die der Zweite Weltkrieg und die Nachkriegszeit mit Hunger, Kälte und Vertreibung mit sich brachten, nachzudenken.

Der bekannte amerikanische Traumaforscher Peter Levine hat eine Liste von Traumatisierungen zusammengestellt, unter denen Kinder leiden können, auch wenn Erwachsene diese nicht als Traumata erkennen. Dazu gehören z. B. Hunger, Kälte, ›Verlorengehen‹, Umzug, und er spricht noch gar nicht einmal von Verlust der Heimat durch Vertreibung.

Wir wissen, daß psychische Belastung der Eltern für Kinder ein hohes Risiko bedeutet. Wie viele Eltern der Kriegskinder hatten eine posttraumatische Belastungsstörung? Was geschieht, wenn das Kind täglich katastrophalen Kriegsereignissen ausgesetzt ist, wenn es miterlebt, daß andere, womöglich ihm nahestehenden Menschen getötet und verstümmelt werden, daß Erwachsene, die Schutz bieten sollten, verschwinden, selbst dekompensieren und dadurch psychisch verschwinden? Je nach Alter wird dieses Kind mit Rückzug, Depression, Eß- und Schlafschwierigkeiten, übertriebenem Anklammern, Ängsten, Alpträumen, Einnässen und Einkoten, um nur einige Symptome zu nennen, reagieren.

Es könnte auch geschehen, daß dieses Kind während der traumatischen Erfahrung ›abschaltet‹, sich so verhält, als sei das alles nicht wahr, als geschehe es nicht wirklich, und dieser Zustand des Ausblendens der Wirklichkeit würde sich verfestigen, so daß auch der spätere Erwachsene Schwierigkeiten hätte, das Hier und Jetzt angemessen wahrzunehmen und einzuordnen.

Dieses Ausblenden der Gegebenheiten und einer angemessenen Auseinandersetzung mit dem, was geschehen ist, dürfte ein kollektives Problem des deutschen Volkes gewesen sein und sein. Margarete und Alexander Mitscherlich nannten es die ›Unfähigkeit zu trauern‹. Trauernkönnen setzt voraus, daß man stark genug ist, den Tatsachen des Lebens ins Auge zu schauen. Traumatisierungen setzen diese Fähigkeit herab oder ganz außer Kraft.

Zur Traumaforschung gehört ergänzend die Resilienzforschung, also die Beschäftigung mit seelischer Widerstandskraft und den Fähigkeiten, mit Schrecken fertig zu werden. Es darf bezweifelt werden, daß das deutsche Volk über hohe Resilienz verfügte, was deren Vorkommen bei einzelnen nicht ausschließt. So verwundert es nicht, daß die Verarbeitung des Terror-Regimes und des totalen Krieges überwiegend im Sinne eines kompensatorischen Schemas und nicht einer Auseinandersetzung geschah.

Die Erkenntnisse der Traumaforschung sollte man auch auf deutsche Kriegskinder anwenden. Was müssen wir als Psychotherapeuten berücksichtigen? Zunächst müssen wir einmal klären, ob wir unsere eigene Geschichte ausreichend aufgearbeitet haben. Es gibt gute Gründe anzunehmen, daß dies nicht der Fall ist, selbst wenn wir gute Lehranalytiker hatten.

Und dann sollten wir als Psychotherapeuten gegenüber den Patienten eine offen fragende Haltung einnehmen in Bezug auf den Zweiten Weltkrieg, wenn der Ratsuchende zwischen 1935 und 1945 geboren wurde. Es sind eigentlich ganz einfache Fragen: Wo wurden Sie geboren? Wo war Ihr Vater, wo Ihre Mutter in dieser Zeit? Gab es dort, wo Sie geboren wurden, Bombenangriffe? Wo haben Sie nach dem Krieg gelebt? Dies sind nur einige der zentralen Fragen.

Später wird sich das vertiefen. Wichtig ist erst einmal, die Aufmerksamkeit auch und gerade auf diese Zeit zu lenken. Übrigens wissen einige Patienten darüber – bewußt – nichts, weil ja nie darüber gesprochen wurde.

Wichtig ist mir, daß wir offen sind für die individuellen Sichtweisen und Lösungen. So erzählte mir eine Freundin, ihr sei bewußt geworden, daß sie eine seltsame Reaktion zeige. Sie verteidige immer die Bahn, wenn alle auf sie schimpfen. Sie habe angefangen, sich zu erinnern, wie gut es war, wenn man damals auf der Flucht endlich im Zug war, auch wenn es eng war, aber dann kehrten Sicherheit, Ruhe, Entspannung ein. Sie ärgere sich nie, wenn die Bahn sich verspäte. Aber sie habe immer noch Angst auf dem Bahnsteig.

Wir müssen die gängigen Konzepte über Konfliktverarbeitung ergänzen durch die Erkenntnisse über existentielle Konflikte, wie sie der Psychoanalytiker Peter Kutter bezeichnet, aber auch über Trauma und die Folgen von traumatischem Streß. Wir müssen mehr und mehr verstehen lernen, daß der Körper sich ganz unmittelbar erinnert und dies durch Schmerz ausdrückt. Wenn man den Schmerz des Körpers versteht und übersetzt, kann er aufhören, weh zu tun. Eine 60jährige klagt ständig über kalte Füße. Die Kälte erstreckt sich bis zur Mitte der Waden. Nichts hilft, bis sie sich erinnert, daß sie als Kind auf der Flucht bis zur Mitte der Waden in kaltem Wasser stand, in dem Boot nämlich, mit dem sie flohen. Als das erkannt und durchgearbeitet war, konnte sie ihre Füße und Unterschenkel langsam zurückgewinnen. Diese waren nämlich sozusagen im Eiswasser geblieben.

Traumatische Erfahrungen sollten *imaginativ zu einem »guten Ende« gebracht werden.* Damit meine ich, daß wir dem Kind in uns mitfühlend begegnen. Wir sollten ihm sagen, daß es Recht hat mit seinem Schmerz, mit seiner Angst, mit seiner Verzweiflung.

Da für mich die Musik der größte Trost ist, ein Vergleich: Vielleicht ist es, als würde man ein Thema variieren und versuchen, wie die Melodie in Dur klingt, auch wenn die Moll-Tonart des Themas bleibt.

Psychotherapeuten, die auch früher schon bereit waren, Kriegstraumatisierungen zur Kenntnis zu nehmen, haben immer erfahren, daß es Zusammenhänge zwischen Erkrankungen und Leidenszuständen ihrer Patienten mit den durch den Krieg erlittenen Traumata gab. Sie erkannten auch, daß es für ein kleines Kind keine Rolle spielt, wer schuld am Krieg ist, sondern es leidet einfach darunter, daß der Vater nicht da ist und die Mutter in Angst und Panik, daß es hungert und friert. Wie mag es sich auf seine Seele ausgewirkt haben, daß nach dem Krieg seine Erfahrungen nicht zählten, weil es nach Meinung der Erwachsenen Wichtigeres und Schlimmeres gab?

Was geschieht, wenn dieses Kind erkennt, daß sein Vater ein »Täter« war, daß sein Volk entsetzliche Dinge getan hat – dieses Kind, das kein Mitgefühl mit sich selbst kennt?

Eine Möglichkeit wäre, alles zu leugnen; die anderen, den Vater, die Eltern, zu verurteilen und zu attackieren, aber das Eigene weiter auszublenden. Zum umfassenden Mitgefühl für sich und andere wird dieser Mensch nur unter Mühen gelangen können. Nach meinem Verständnis haben wir Deutschen sehr viel Zeit gebraucht, um dem Grauen begegnen zu können, dem Grauen in all seinen Facetten, nicht zuletzt wegen Mangels an heilsamer Resilienz. Eine Facette ist das Schicksal der Kriegskinder, also der Generation der heute 58–73jährigen. Man mag es beklagen, doch es hatte wohl seinen Sinn, daß das genaue Wahrnehmen und Hinschauen Zeit brauchte. Jetzt scheint die Zeit reif zu sein. [...]

(Nachwort zu: Sabine Bode: Die vergessene Generation. Kriegskinder brechen ihr Schweigen Frankfurt am Main: Piper 2005, S. 283–288 (Auszug))

* Luise Reddemann (geb. 1943), Dr. med., ist Nervenärztin und Psychoanalytikern und spezialisiert auf die Behandlung traumatisierter Patientinnen und Patienten.

»Es gibt eine starke Tendenz, die Täter zu entschulden.« Über den Wandel der Erinnerungskultur

Material 15

Ein Gespräch mit dem Sozialpsychologen Harald Welzer* (Auszug)

PSYCHOLOGIE HEUTE Herr Welzer, Sie haben zur Tradierung von Geschichtsbewusstsein geforscht und sich mit den neuen Familienromanen beschäftigt, in denen Autoren sich mit der Kriegsgeneration auseinander setzen. Welchen Trend sehen Sie in Bezug auf die deutsche Erinnerungskultur?
HARALD WELZER Mein Eindruck ist, dass die Deutung der Vergangenheit sich aus dem Fokus von Auschwitz, dem Holocaust zu verschieben beginnt. Und zwar in Richtung auf das Leiden der Deutschen. In vielen Romanen findet eine Reinterpretation der Deutschen, und wer sie denn gewesen sind, statt. Häufig werden Angehörige der Kriegsgeneration aus der Täterrolle herausgeholt und als Menschen beschrieben, die eigentlich nur das Beste gewollt haben und dann durch das böse System zu Verfehlungen verleitet worden sind. So werden sie gewissermaßen zu schuldlos Schuldigen, wie wir das schon aus Zuckmayers *Des Teufels General* kennen. [...]

PSYCHOLOGIE HEUTE Wie ordnen Sie das Buch von Uwe Timm AM BEISPIEL MEINES BRUDERS ein?
WELZER Es hat mir relativ gut gefallen im Vergleich zu anderen Büchern über diese Zeit. Und zwar deshalb, weil Timm die gestellten Fragen nach der Schuld nicht auflöst. Er behält immer ein sehr ambivalentes Verhältnis zu diesem Bruder, die ganze Erzählung hindurch. In den anderen Romanen gibt es dagegen eine ganz starke Tendenz, die, wenn wir sie jetzt einmal als Täter bezeichnen, diese Täter zu entschulden. Und das macht Uwe Timm nicht. Er geht auch anders vor, weil er sich in seiner eigenen Befindlichkeit innerhalb dieser Familiengeschichte selbst reflektiert.
PH Ich fand bei Uwe Timm zwei Beispiele dafür, wie er um Empathie und Mitleid für seinen Bruder, der bei der SS-Totenkopfdivision ist, wirbt, indem er Merkmale aus dem Kontext der Judenverfolgung entlehnt: Timm vergleicht die den SS-Angehörigen eintätowierte Blutgruppe mit der eintätowierten Nummer der KZ-Häftlinge. Und er stellt die Einsamkeit der Frontsoldaten in Zusammenhang mit der Einsamkeit der KZ-Insassen. Sind das nicht Bilderbuchbeispiele für das, was Sie als ›Wechselrahmung‹ bezeichnen?
WELZER Da haben Sie völlig Recht. Es gibt auch noch einen anderen Aspekt, der bei Uwe Timm fragwürdig ist. Wenn man dieses Buch als quälerische Reflexion über das eigene Verhältnis zur Geschichte liest – so tritt der Autor ja auf –, dann kann man sich die Frage stellen, warum Timm kein einziges Wort darüber verliert, dass er selbst einmal totalitäres Gedankengut geteilt hat. Er hat ja selbst eine kommunistische Vergangenheit, wie so viele aus dieser Generation. [...]
Es gibt aber Autoren, die versuchen, eine ganz neue Erinnerungskultur zu etablieren, welche die Kriegsgeneration ausschließlich als Opfer betrachtet beziehungsweise die Haltung vertritt: Unsere Generation hat die Verbrechen unserer Elterngeneration zu Unrecht angeklagt. Wir sind jetzt eigentlich die Bösen, während die Alten im Grunde genommen mehr Verständnis brauchen.
PH Ulla Hahn landete mit ihrem Buch auch einen Bestseller, Uwe Timm ebenfalls, auch Bruhns Buch fand reißenden Absatz. Wie erklären Sie sich diese Erfolge?
WELZER Es gibt jetzt offensichtlich das ganz starke Bedürfnis, nicht mehr nur als Angehörige einer Tätergesellschaft dazustehen. Andererseits besteht der Wunsch, die persönlich gefärbten Erinnerungen jetzt endlich in offiziellen Diskussionen wiederzufinden. Ich denke, die Romane sind deshalb so erfolgreich, weil sie der gefühlten Geschichte der Deutschen viel eher entsprechen als die geschichtlichen Fakten. Was die Leute interessiert, ist das, was in der eigenen Familie angerichtet worden ist. Und daran sind die anderen schuld.
PH Welche Folgen hat diese Emotionalisierung der Geschichte?
WELZER Das bleibt abzuwarten.
Bislang ist die Geschichte immer von Auschwitz her interpretiert worden, und das ist meiner Ansicht nach für die demokratische Kultur der Nachkriegsgesellschaft von ganz zentraler Bedeutung gewesen. Ich glaube, dass unsere Demokratie sich nicht so entwickelt hätte, wenn es nicht diese Erzählung gegeben hätte und diese Perspektive auf die Nazizeit. Wenn diese Perspektive verloren geht und man sich einreiht in alle anderen Opfergesellschaften und anfängt, die Deutschen als Opfer von Hitler zu definieren – dann wird sich meines Erachtens die demokratische Kultur verändern.
PH Die Forderung der Vertriebenenverbände nach Einrichtung eines Zentrums für die Vertriebenen geht in diese Richtung?
WELZER Ja, genau. Wir können auch davon ausgehen, dass spätestens in drei Jahren ein Museum für die Luftkriegsopfer gefordert wird oder ein Mahnmal dafür.

PH Könnten Sie sich auch vorstellen, dass das Gefühl, Opfer zu sein, den Weg bereitet für einen neuen Nationalstolz?
WELZER Man soll ja keine Prognosen abgeben, aber denkbar ist es schon. Ich versuche es mal andersherum zu beantworten. Indem die Nachkommen Opas Handlungen umdefinieren und in ein positives Licht rücken, versuchen sie, psychologisch betrachtet, eine positive Identitätsbildung herzustellen. Denn durch die bisherigen Bemühungen, diese Verbrechen aufzuklären, war eine positive Identitätsbildung für die Nachgeborenen ziemlich schwierig. Es ist nicht möglich, sich als Angehöriger dieses Kollektivs der Täter und Mitläufer positiv zu identifizieren. Deshalb suchen sich die Nachgeborenen ihren eigenen Weg und erzählen die Geschichte anders. Dazu gehören auch die Romane, über die wir gesprochen haben. Das ist eine Art Reaktionsbildung auf eine Zumutung, die man zurückweist.
PH Aber die Romane werden nicht von den Enkeln, sondern von den 68ern geschrieben. Von der Generation, die damals die Schuld der Alten zum Thema gemacht hat. Warum gerade die?
WELZER Ich glaube, dass der Auseinandersetzung der 68er mit den Eltern eine unglaubliche Ambivalenz zugrunde lag. Die Identifikation mit dieser Generation war viel größer, als es auf der Oberflächenebene erschien. Auf die Frage ›Was habt ihr getan?‹ wollten die 68er eigentlich keine Antwort.
PH Sie wollten wirklich keine Antwort?
WELZER Nein, im tiefsten Inneren nicht. Die 68er wollten nicht wirklich hören, was die Alten gemacht haben. Diese Frage hatte erst einmal die Funktion einer intergenerationellen Waffe, mit der man jeden sofort wehrlos machen kann. Zum anderen berücksichtigten die Faschismuserklärungen nicht die individuelle oder psychologische Ebene. Ich glaube, im Kern war die Frage zu radikal und wurde so gestellt, dass sie von den Betroffenen nicht beantwortet werden konnte. Die Antwort wollten die 68er nicht hören, die Antwort hätte man auch unerträglich gefunden. Und zwar deshalb, weil die unterschwellige Identifikation doch viel größer gewesen ist, als es sich die 68er überhaupt haben eingestehen können.

(aus: Psychologie Heute. Oktober 2004. S. 29–31)

* Prof. Dr. Harald Welzer ist Sozialpsychologe. Bekannt wurde er unter anderem durch Forschungen, die sich mit der Frage auseinandersetzen, wie in deutschen Familien über die Nazizeit und den Holocaust gesprochen wird.
Das Resultat der von Welzer und seinen Mitarbeitern publizierten Umfrageergebnisse besteht darin, dass insbesondere die jüngeren Generationen über umfassende Informationen zur Geschichte des Dritten Reiches und des Holocaust verfügen, in ihren eigenen Familienerinnerungen Nazis jedoch praktisch ›nicht vorkommen‹. Im Gegenteil: Eltern und Großeltern werden nicht selten zu Helden des alltäglichen Widerstands stilisiert. Dieser ›Opferdiskurs‹ – so Welzer weiter – bediene sich eines Verfahrens, das er als ›Wechselrahmung‹ bezeichnet: Szenen aus der Vergangenheit würden dabei mit narrativen und visuellen Versatzstücken kombiniert, die aus der Geschichte der Verfolgung und Vernichtung der europäischen Juden durch die Nationalsozialisten kenne. Dem liege das Bedürfnis zugrunde, die eigenen Angehörigen im nationalsozialistischen Universum des Grauens so zu platzieren, dass von diesem Grauen kein Schatten auf sie fällt.

Originalseiten aus dem Kriegstagebuch des Bruders Karl-Heinz Timm

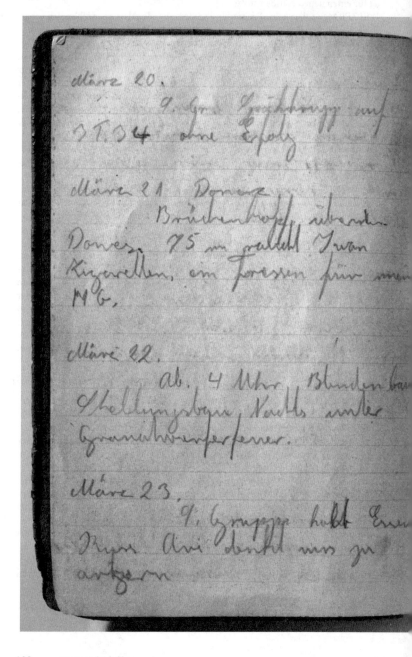

März 20.
9. Kp. u. Spähtrupp auf
? T. 34 ohne Erfolg

März 21. Donez
Brückenkopf überschr.
Donez, 75 m parallel Iwan
Zigaretten, im forcieren schw. ???
MG.

März 22.
ab. 4 Uhr, Blindenbau
Stellungsbau, Nachts unter
Granatwerferfeuer.

März 23.
9. Gruppe hält Einzel
Iwan Arti denkt uns zu
ärgern

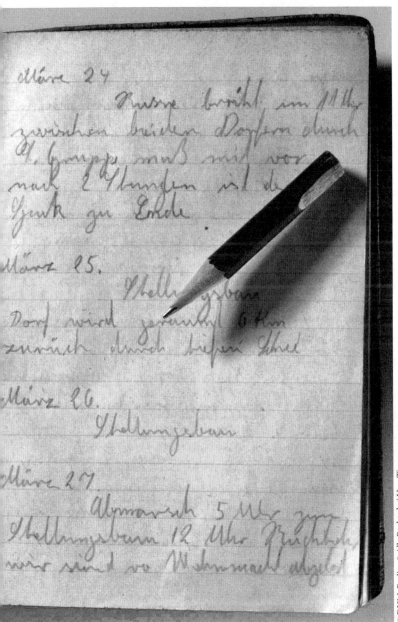

Anhang

Anmerkungen

1 Vgl. hierzu Kammler 2005.
2 Vgl. Fingerhut 2002.
3 Stalingrad. Dokumentarfilm. Regie Guido Knopp. D/R/NL/SF 2003. (Der Film ist als DVD erhältlich.)
4 Schlink 1995. Moritz Baßler spricht hier sogar von einer **Anmaßung der Opferrolle** (Baßler 2002, 75). Dies ist zwar eine naheliegende, aber auch nur e i n e mögliche Interpretation des Romans (vgl. hierzu kritisch: Kammler 2005, 98 f.). Zur Rezeption des Romans vgl. außerdem Köster 2000, 19–26.
5 Vgl. hierzu kritisch Ebert 2005, 383. Hier wird auf die problematische Kontinuität zwischen solche[n] **Fernsehdokumentationen wie [denen] von Guido Knopp im ZDF, in denen der Krieg als blutiges Schicksal erscheint, das Deutsche und Russen gleichermaßen ›heimgesucht‹ hat**, und dem Verdrängungsprogramm der 50er-Jahre hingewiesen.
6 Vgl. Bogdal 2005.
7 Zur Genealogie als kritischer Herkunftsanalyse vgl. Nietzsche 1966 und Foucault 2002.
8 So heißt es bei Hielscher (2006): **Erst eine Gesellschaft, die so gefestigt ist, […], um einen stabilen und funktionierenden Referenzrahmen zu schaffen, der die Sicherheit schafft, in das Grauen hineinzuschauen, dem man entkommen ist, kann auch in einem weiteren Schritt sich der Grauzone stellen, in der die Mentalität angesiedelt ist und die auf die eine oder andere Weise weiterwirkt, die den Nationalsozialismus möglich machte.** (Hielscher 2006)
9 Greiner 2005, 29 f.
10 Zur Kindheit und Jugend Uwe Timms, die in AM BEISPIEL MEINES BRUDERS ausführlich behandelt sind, vgl. das Kapitel 4 (Personen).
11 Dort heißt es: **Diese Hauptfigur** (von HEISSER SOMMER; C. K.) – **das bin ich und bin ich nicht.** (Durzak 1995, 318).
12 Vgl. Timm 1995, 329 f. Uwe Timm berichtet von seinen Motiven für den Parteieintritt, der Hoffnung, auf diesem Wege auch diejenigen zu erreichen, **die man in der Studentenbewegung immer erreichen wollte, aber nie erreicht hat, die Arbeiter, Angestellten und sozial Deklassierten**, und von der anschließenden Enttäuschung, die darauf zurückzuführen gewesen sei, dass es der Partei nicht gelungen sei, sich demokratischen Reformen zu öffnen. Weiter heißt es: **Irgendwann, in der Mitte der Siebziger, kam dann ein Umbruch. […] Aus der heutigen Sicht denke ich, ich hätte damals gleich austreten sollen. Aber das zog sich hin, man hatte Genossen, Freunde, deren Existenzen durch Berufsverbote zerstört waren […]**. (A. a. O., 330)
13 Vgl. Timm 2000, 162.
14 Timm 1995, 330.
15 So heißt es treffend bei Dirk Niefanger (2007): **Auch wenn Timm sich heute wie Ende der sechziger Jahre zu einem engagierten Realismus bekennt, haben sich sowohl seine literarischen Verfahren als auch die Zielrichtung seines gesellschaftlichen Engagements gewandelt – nicht aber das Grundsätzliche seiner Haltung, sein ›poetischer Habitus‹.**
16 Timm 1993, 103.
17 Timm 1993, 104, vgl. auch Timm 2000, 134.
18 Timm 2000, 134.
19 Timm 2000, 134.
20 Vgl. Galli 2006 a.
21 Timm 2000, 15 f.
22 Insbesondere die Geschichte seines Vaters, sein berufliches Scheitern und sein Tod, ist in diesen Romanen in literarisch nur leicht verfremdeter Form verarbeitet. Vgl. Timm 1977 (HEISSER SOMMER), 32 und 181 ff., und Timm 1980 (KERBELS FLUCHT), 62–70. Weitere Episoden aus früheren Prosatexten Timms – wie etwa diejenige vom Ledergeschäft Israel, deren Besitzer 1933 ein Schild mit der Aufschrift **Trotz des Namens, der Besitzer ist rein arisch!** […] ins Schaufenster hängen (vgl. Timm 2000, 38) – finden sich ebenfalls wieder (vgl. 27). Sie im Einzelnen aufzuführen, würde den Rahmen dieser Darstellung sprengen.
23 So gründet Kerbels Vater – anders als Timms Vater – nach dem Krieg ein Elektro-Einzelhandelsgeschäft. Selbst der Name der Stammkneipe von Kerbels Vater (›Papa Geese‹) stimmt mit der von Timms Vater Hans überein (vgl. 106).
24 Timm 1996, 107.
25 Da eine breitere Rezeption der Erzählung in wissenschaftlichen Publikationsorganen gegenwärtig erst in Ansätzen stattfindet, andererseits aber auch Literaturwissenschaftler wie z. B. Jochen Hörisch an ihrer feuilletonistischen Rezeption beteiligt waren, wird hier auf eine Trennung in zwei entsprechende Unterkapitel verzichtet.

[26] Vgl. Hörisch 2003.
[27] Vgl. Spiegel 2003.
[28] Vgl. März 2003.
[29] Vgl. Bötticher 2003, 72 f.
[30] Vgl. Siblewski 2003.
[31] Vgl. Richter 2003.
[32] Arend 2003.
[33] Wutschke 2003, 1 f.
[34] Atze 2004, 4.
[35] Vgl. Rudolph 2003.
[36] Oehlen 2003.
[37] Franzen 2003, 7. Ulrich Raulff behauptet sogar, **dass der verlorene Bruder weniger das Ziel der Reise als der gefundene Schreibanlass für einen narzisstischen Autor ist** (Raulf, 2004, 11). Diese völlig überzogene Kritik übersieht, dass es in der Erzählung um mehr geht als nur um die Geschichte des Bruders und dass gerade der Rekonstruktion der letzteren aufgrund der begrenzten Quellenlage deutliche Grenzen gesetzt sind.
[38] Rudolph 2003.
[39] Ebd.
[40] Ebd.
[41] Naumann 2004, 17.
[42] Ebd.
[43] Vgl. Marx 2006 und Finlay/Cornils 2006. Beide Bände befanden sich bei Redaktionsschluss dieser Monographie noch in Vorbereitung.
[44] Vgl. Geertz 1973.
[45] Albrecht 2006.
[46] Vgl. ebd.
[47] Unter **Oral History** versteht man eine geschichtswissenschaftliche Methode, die auf der Basis mündlicher Erinnerungsinterviews mit Betroffenen Wissen über historische Prozesse generiert (vgl. hierzu Galli 2006 a und Albrecht 2006; vgl. auch Simon 2006).
[48] Vgl. hierzu auch den folgenden Abschnitt.
[49] Vgl. Galli 2006 a; vgl. auch 2006 b.
[50] Niefanger 2006.
[51] Benjamin, so Albrecht 2006, bringe den nicht linearen Prozess individuellen Erinnerns gegen ein objektivistisches Konzept **der geschlossenen historischen Narration** in Anschlag. Vgl. hierzu Benjamin 1972.
[52] Ebd.
[53] Vgl. Galli 2006a.
[54] Assmann (Aleida) 2004, 28.
[55] Brumlik 2005, 153.
[56] Brumlik 2005, 156.
[57] Brumlik 2005, 162.
[58] Welzer u. a. 4/2003.
[59] Assman (Jan) 1988, 9.
[60] Welzer u. a. 4/2003, 13.
[61] Vgl. Welzer u.a. 4/2003, 16.
[62] Welzer u.a. 4/2003, 13.
[63] Vgl. dazu kritisch: Kammler 2005, 99 f.
[64] Welzer 2004 a, 59.
[65] Welzer 2004 b, 30.
[66] Vgl. Welzer 2004 b, 30.
[67] Zur grundsätzlichen Kritik an einer derartigen Deutungspraxis vgl. Kammler 2005.
[68] Vgl. Frenzel 1992.
[69] So heißt es bei Simon: AM BEISPIEL MEINES BRUDERS ist […] der an systematische Familientherapien erinnernde Versuch, jedem Familienmitglied gerecht zu werden. (Simon 2006).
[70] In dieser Hinsicht weist der Text Elemente einer modernen Adoleszenzerzählung auf. Vgl. hierzu allgemein: Gansel 1999, 118–127.
[71] FAZ 2003.
[72] Zit. nach Pfäfflin 2005, 27.
[73] Vgl. Pfäfflin 2005, 27. Gleichwohl wird der Text von Pfäfflin an anderer Stelle irrtümlicherweise als Roman bezeichnet (vgl. 24), während das Buch ebenso wie die Erzählung DER FREUND UND DER FREMDE auf der Spiegel-Bestsellerliste ebenso irrtümlich als Sachbuch geführt wurde.
[74] Bartels 2003.
[75] Vgl. Leujeune 1998, 215.
[76] Vgl. Leujeune 1998, 217.
[77] Vgl. Bartels 2003. Dort heißt es: **Aus dem kurzen Leben meines Bruders ergeben sich viele Fragen auch für mich: Woher komme ich? Was für eine Erziehung habe ich genossen? Was steckt davon heute noch in mir? Und, ganz wichtig: Wie hätte ich ihn gehandelt?**
[78] Vgl. Leujeune 1998, 220. Vgl. auch AM BEISPIEL MEINES BRUDERS, 120.
[79] Vgl. Wagner-Egelhaaf 2000, 77.
[80] Vgl. Wagner-Egelhaaf 2000, 61.
[81] Pflugmacher 2004, 124.
[82] Wagner-Egelhaaf 2000, 77.
[83] Letztere entspricht nach Aichinger (1989, 194) dem ›Wesen‹ autobiografischer Selbstdarstellung.
[84] Vgl. Wagner-Egelhaaf 2000, 61.
[85] Vgl. Bartels 2003.
[86] Bartels 2003.
[87] Vgl. von Matt 2001, 23. Dort heißt es: **Die Literatur kann nicht anders, als zusammen mit dem verkommenen Sohn, der missratenen Tochter die je geltende Ordnung zu beschwören, das metaphysische Gerüst einer Welt, die sich stets für die einzige und ganze hält.**
[88] Timm 1993, 54.
[89] Timm 1993, 57.
[90] Damit grenzt sich Timm deutlich gegen einen Typus literarischen Schreibens ab, den einzunehmen man ihm in seiner frühen Phase vorgeworfen hat. So ist bei Kämper-van den Boogaart 1992, bezogen auf den Roman KERBELS FLUCHT, die Rede von einer **monoseme[n] Struktur** der Bilder (143) und von **Betroffenheitsliteratur** (140).
[91] Diese Metapher entspricht exakt der ursprünglichen Bedeutung des Wortes Text:

›textus‹ bedeutet im Lateinischen Gewebe, Geflecht. In Timms 1993 erschienener Novelle DIE ENTDECKUNG DER CURRYWURST symbolisiert bezeichnenderweise Frau Brückers Pulloverstricken das Erzählen (vgl. Timm 2001).
[92] Vgl. Timm 1993, 51. In ähnlicher Weise erinnert das Verb ›tünen‹ allerdings an Cliffort Geertz' Bestimmung von Kultur als **selbstgesponnenes Bedeutungsgewebe** (vgl. Albrecht 2006). Es verweist also nicht nur auf einen einzigen theoriegeschichtlichen Kontext (den des Poststrukturalismus).
[93] Vgl. zusammenfassend: Geisenhanslüke 2003, 88 f.
[94] Vgl. Timm im Gespräch mit Durzak (1995), 318 f.
[95] Vgl. Timm 1993, 57.
[96] Vgl. auch Pfäfflin 2005, 27.
[97] Vgl. Johnson 1971, 670
[98] Timm 1993, 28.
[99] Timm 1993, 57.
[100] Zweifellos ist eine solche Unterscheidung, bezogen auf einen autobiografischen Text, nur bedingt möglich. Die Ausführungen in Kap. 4.5 schließen deshalb unmittelbar an diesen Abschnitt an.
[101] Vgl. Schneider 2003, 64.
[102] Vgl. Bullivant 1995, 256.
[103] Wilczek 2006.
[104] Vgl. ebd.
[105] Vgl. Bartels 2003: **Wie hätte ich gehandelt? Ich würde es mir zwar wünschen, aber ich kann leider nicht sagen, ich hätte mich ganz verweigert.**
[106] Vgl. Bullivant 1995, 262.
[107] Wilczek 2005, 6.
[108] Als **Gefrierfleischorden** wurde im Landserslang die **Ostmedaille** bezeichnet, einen Orden, der im 2. Weltkrieg speziell für ›Verdienste‹ im Kampf gegen **den bolschewistischen Feind** verliehen wurde. Der Ausdruck **Hitlersäge** steht für das Maschinengewehr (MG) 42, der Begriff **Heimatschuss** für eine leichtere Verwundung, die aber für einen Lazarettaufenthalt ausreichte.
[109] *WIR SIND NOCH EINMAL DAVONGEKOMMEN* ist der Titel eines Dramas von Thornton Wilder, das im Nachkriegsdeutschland zu einem großen Theatererfolg wurde.
[110] Vgl. Link/Link-Heer 1990, 92.
[111] Vgl. Pfäfflin 2005, 26.
[112] Ebd.
[113] Vgl. Wegner 6/1999, 30.
[114] Wegner 6/1999, 32.
[115] Vgl. Wegner 6/1999, 30–32.
[116] Vgl. Wette 2002, 263. Die zwischen 2001 und 2004 gezeigte Ausstellung *VERBRECHEN DER WEHRMACHT. DIMENSIONEN DES VERNICHTUNGSKRIEGES 1941–1944* des Hamburger Institutes für Sozialforschung trug u. a. stark zum kritischen Hinterfragen der Rolle der Wehrmacht in der deutschen Öffentlichkeit bei.
[117] Eine umfangreiche Materialsammlung zu diesem Thema bietet das rororo - Sachbuch *DIE WAFFEN-SS*, das auf einer dreiteiligen ARD-Fernsehserie zu diesem Thema basiert (Schneider/Schrade 2003).
[118] Vgl. Wette 2002, 128.
[119] Vgl. Wette 2002, 129.
[120] Cohen 2004, 9.
[121] Sydnor 2005.
[122] Sydnor 2003, 156.
[123] Welzer 2005, 267.
[124] Vgl. Langer 2000.
[125] Vgl. Mat. 11
[126] Welzer 2004 b, 31.
[127] Vgl. Mitscherlich/Mitscherlich 18/2004, I f.
[128] von Borries 1995, 73.
[129] Mitscherlich/Mitscherlich 2004.
[130] Vgl. die einschlägigen Publikationen von Welzer 2003, 2004 a und b, 2005.
[131] Von Personen – und nicht von Figuren – ist hier deshalb die Rede, weil reale Personen in einer autobiografischen Erzählung wie dieser nicht die Vorlage für eine Fiktionalisierung bilden, sondern der Text den Anspruch verfolgt, ihnen als Personen gerecht zu werden. Dass es sich bei den Personen des Textes gleichwohl um literarische Konstrukte (wenn auch anderer Qualität als in einem Roman) handelt, steht natürlich außer Frage.
[132] Vgl. Atze 2004.
[133] Vgl. hierzu Kap. 5.1.
[134] Auch was die Schwester vom Bruder erzählt, passt in dieses Bild vom ängstlichen Kind (vgl. 73 f.).
[135] Eggert/Garbe 2003, 96.
[136] Vgl. Sydnor 2005, 218.
[137] Vgl. Sydnor 2005, 219.
[138] Vgl. Sydnor 2005, 237.
[139] Vgl. hierzu die instruktiven Ausführungen von Ulrich Simon zum Problem des Widerstandes im Werk Uwe Timms im Allgemeinen und in *AM BEISPIEL MEINES BRUDERS* im Besonderen. Simon konstatiert zum einen, dass bei Timm **ein weicher und weiter Widerstandsbegriff** vorherrsche, zum anderen, dass aus der seiner Auffassung nicht belegbaren Tatsache des – ohnehin kaum wirksamen – Verbots, Tagebuch zu führen, das nach Timm für die Mitglieder der SS galt, nicht der Schluss gezogen werden könne, das Einstellen der Tagebuchnotizen durch den Bruder sei ein Akt des Widerstandes. Im Gegenteil: […] **wenn es verboten ist, Tagebuch zu führen, dann ist der Entschluss, das Schreiben einzustellen, eine Normerfüllung.** (Simon 2006)
[140] Welzer 2004 a, 55.
[141] Ebd.
[142] Vgl. die Kritik der israelischen Literaturwis-

senschaftlerin Zohar Shavit (1996) an der deutschen Kinder- und Jugendliteratur zum Thema Nationalsozialismus und Holocaust. Vgl. in diesem Zusammenhang Martin Hielschers zutreffende Feststellung, in AM BEISPIEL MEINES BRUDERS gehe es nicht um die »Dekouvrierung eines Monsters«, sondern um die »beunruhigende Erfahrung von Normalität« (Hielscher 2006).
143 Welzer 2004 a, 54.
144 Das muss gegen die These festgehalten werden, der Bruder erscheine in der Erzählung »fast durchweg als Täter« (vgl. Niefanger 2006).
145 Vgl. Timm 1977, 32, 111.
146 Vgl. Timm 1980, 62–69.
147 In Bartels 2003.
148 Vgl. Weiss 2000.
149 Bartels 2003.
150 Treffend heißt es bei Galli (2006 b), Timms Suche nach den Wünschen – nicht nur des Vaters, sondern aller Familienmitglieder – sei **eines der hämmernden Leitmotive des Textes.**
151 Matteo Galli hat darauf hingewiesen, dass sich diese männlich dominierte Rollenverteilung in der Auswahl der Bilder ihren Niederschlag findet, auf die die Erzählung Bezug nimmt. Dabei handelt es sich **in der Hauptsache um die zahlreichen Bilder des Vaters und des Bruders,** während die weiblichen Familienmitglieder – auch die Mutter – hier deutlich **unterrepräsentiert** seien. (vgl. Galli 2006 a).
152 Borries 1995, 306.
153 Timm 2001.
154 Borries 1995, 309.
155 Vgl. Brumlik 2005, 156.
156 Vgl. die Ausführungen bei Reddemann 2005 zu den **posttraumatischen Belastungsstörungen** vieler **Kriegskinder** (vgl. Mat. 14). Eine grundlegende Studie zur Psychologie der Kinder von Tätern ist: Gruen 2005.
157 Vgl. Brumlik 2005, 156.
158 Es ist sicher nicht abwegig, wenn man das Bild vom Erhoben-Werden als symbolischen Hinweis auf die Erzählhaltung deutet: als distanzierten Blick ›gleichsam von oben‹, der **mit einem Gefühl der Nähe und Liebe [einhergeht], das sich auch im Schock des Erkennens nicht völlig auflösen wird.** (Hielscher 2006).
159 Dieses Märchen ist in der Erstausgabe von 1812 enthalten und wurde nicht in die den meisten neueren Ausgaben zugrunde liegenden Kinder- und Hausmärchen von 1857 übernommen.
160 Vgl. Frenzel 4/1992, 547–560.
161 Vgl. Foucault 1973, 544.
162 Timm 1993, 19.
163 Vgl. zu dieser Textstelle den Kommentar von Martin Hielscher: **Der Bruder, um den es in Timms Buch geht, ist Soldat, ist ein gefallener Held, dem in unserem historischen Schuldzusammenhang all das einmal Verbindliche dessen, was sich in solchen Gesängen sagen und singen lässt, nicht mehr zuerkannt werden kann.** (Hielscher 2006).
164 Vgl. Anm. 139.
165 Vgl. Freud 1972, 30.
166 Davidson 1998, 72.
167 Ullmann/Zimmermann 1986, 276.
168 Ullmann/Zimmermann 1986, 77.
169 Das unterscheidet die Erzählung natürlich von »realen« Traumprotokollen. Dennoch sind erstere nach dem Muster letzterer gestrickt und in vergleichbarer Weise dem Symbolverstehen zugänglich wie diese.
170 Vgl. Weinrich 1997, 18 f.
171 Vgl. hierzu die Passage in Timms Roman JOHANNISNACHT, in der Bruder den Erzähler drängt, eine **bestimmte Schublade** zu öffnen. Vgl. hierzu Kap. 1.
172 Vgl. Kurz 2004, 83. Diese Aussage von Kurz, die sich auf literarische Symbole im Allgemeinen bezieht, trifft auf das Wort **Doldenhilfe** zu, weil es innerhalb des Textes keine pragmatische Bedeutung hat und als letztes Wort innerhalb des Traumprotokolls eine hervorgehobene Position einnimmt.
173 Man könnte sogar versucht sein, den Traum als Allegorie zu deuten. Dass in der Literaturgeschichte **Träume und Visionen [...] mit der Allegorie aufs Engste verbunden** sind, hat Kurz 2004, 49, ausgeführt: **Der Leser muss das Traumgeschehen auf die verborgene Wahrheit hin verstehen.** (ebd.) Auch Freuds **Traumdeutung** (1900) deutet den Traum nach dem Muster der Allegorese. Im Traum äußern sich zwei Reden: eine manifeste (der ›Trauminhalt‹) und eine latente (der ›Traumgedanke‹). (Kurz 2004, 50). Allerdings ist der Begriff ›Allegorie‹ auf die Traumsequenzen in AM BEISPIEL MEINES BRUDERS – wie auf die gesamte moderne Literatur – nur bedingt anwendbar, weil hier verschiedene Formen verschlüsselter Darstellung zusammenkommen und die Übertragbarkeit der einzelnen Bildelemente auf die Sachebene Grenzen gesetzt sind. Vgl. dazu die folgenden Ausführungen.
174 Vgl. Freud 1972. Eine komprimierte Darstellung des Freud'schen Ansatzes findet sich in Lohmann 1991, 15–28.
175 Freud 1972, 502.
176 Zur möglichen Bedeutung des Mottos vor dem Hintergrund einer Deutung des Gedichts, aus dem es zitiert ist (vgl. Mat. 13), vgl. Williams 2006: **The ›clouds and trees and grass‹, the sheer ordinariness of the natural world, contrast with the battle, and become**

[177] ciphers for a personal sensitivity to nature (and to love) which transcends historical and military concerns.
[177] Meckel 1983.
[178] Zitiert nach Schnell 2003, 472.
[179] Uwe Timm in Bartels 2003.
[180] Adorno 1979, 88.
[181] Vogt 1991, 12.
[182] Vgl. Vgl. Adorno 1977, 88.
[183] Vgl. Köster 2000, 190–210; auch Kammler 2000, 96–122.
[184] Dies trifft insbesondere auf Hans-Peter Richters DAMALS WAR ES FRIEDRICH (vgl. Shavit 1988) und Bernhard Schlinks DER VORLESER (vgl. Kammler 2001) zu.
[185] Ein erster Unterrichtsvorschlag, dem dieser Band einige produktive Anregungen verdankt, liegt bereits vor: vgl. Pfäfflin 2005. Eine Textausgabe mit Materialien für den Schulgebrauch liegt in Buchners *Schulbibliothek der Moderne* vor (vgl. Timm 2006).
[186] Albrecht 2006. Diskussionswürdig ist allerdings Albrechts kritische Schlussfolgerung, Timm stabilisiere dadurch **entgegen aller postmodern reflexiven Fragestellungen die Trennung ›zwischen Fiktionen und dem, was wirklich war‹.** (Albrecht 2006) Meines Erachtens unterläuft der Text diese Unterscheidung, die Timm im Interview mit Bartels (vgl. Bartels 2003) macht. Vgl. dazu meine Ausführungen in Kapitel 6.
[187] Greiner 2005, 29.
[188] Zur Arbeit mit Standbildern in dieser Unterrichtssequenz vgl. den alternativen Vorschlag bei Pfäfflin 2005, 30.
[189] Vgl. Sydnor 2005, 211–255.
[190] Die Anregung zu dieser Aufgabenstellung verdanke ich Pfäfflin 2005.

Literaturverzeichnis

Primärliteratur

Textausgaben von AM BEISPIEL MEINES BRUDERS

Timm, Uwe: Am Beispiel meines Bruders. Köln: Kiepenheuer & Witsch 2003.
Timm, Uwe: Am Beispiel meines Bruders. München: dtv 2005. (Die Seitenzahlen in Klammern beziehen sich auf diese Ausgabe).

Timm, Uwe: Am Beispiel meines Bruders. Text & Kommentar. Buchners Schulbibliothek der Moderne. Bamberg 2006

Weitere Texte von Uwe Timm

Timm, Uwe: Heißer Sommer. Roman. Reinbek bei Hamburg: Rowohlt 1977 (Erstveröffentl.: München 1974)
Timm, Uwe: Kerbels Flucht. Roman. München: dtv 2/2005 (Erstveröffentlichung: München 1980)
Timm, Uwe: Erzählen und kein Ende. Versuche zu einer Ästhetik des Alltags. Köln: Kiepenh. & Witsch 1993
Timm, Uwe: Johannisnacht. Köln: Kiepenheuer & Witsch 1996

Timm, Uwe: Römische Aufzeichnungen. Vom Autor neu durchgesehene und um ein Nachwort erweiterte Ausgabe des Buches ›Vogel friß die feige nicht. Römische Aufzeichnungen‹. München: dtv 2000. (Veröffentlichung der Erstausgabe: Köln: Kiepenheuer und Witsch 1989)
Timm, Uwe: Die Entdeckung der Currywurst. Novelle. München: dtv, 3. Auflage 2001

Sekundärliteratur

Sekundärliteratur zu »AM BEISPIEL MEINES BRUDERS«

Albrecht, Andrea: Thick descriptions. Zur literarischen Reflexion historiographischen Erinnerns ›am Beispiel Uwe Timms‹. In: Friedhelm Marx (Hrsg.): Kulturen der Erinnerung im Werk Uwe Timms. Göttingen: Wallstein Verlag 2006
Arend, Ingo: Toter Russe. In AM BEISPIEL MEINES BRUDERS hat Uwe Timm noch einmal die deutsche Vergangenheit aufgewühlt. In: Freitag, 10. Oktober 2003, S. 14
Atze, Marcel: Er war anständig. Uwe Timm zeigt am Beispiel seines Bruders, wie fest uns die NS-Vergangenheit im Griff behält. In:

http://www.literaturkritik.de/public/rezension.php?rez_id=6315&ausgabe=200309 (Stand: 15. 11. 04)
Bartels, Gerrit: »Ich wollte das in aller Härte.« Ein Interview mit dem Schriftsteller Uwe Timm über sein Buch AM BEISPIEL SEINES BRUDERS und die Aufarbeitung deutscher Vergangenheit am Beispiel seiner eigenen und überaus normalen Familie. In: Die TAZ, 13./14. 9. 03, S. 17 f.
Böttiger, Helmut: Die braven deutschen Mörder. In: Literaturen 09 II 2003, S. 71–73
Cohen, Robert: Brief an Uwe Timm über sein Buch AM BEISPIEL MEINES

BRUDERS. In: Das Argument 254. Heft 1/2004, S. 8–9

Franzen, Günter: Wie die deutsche Linke ihre Geschichte entsorgt. In: Neue Gesellschaft. Frankfurter Hefte, 12/2003, S. 4–9

Galli, Matteo: Vom Denkmal zum Mahnmal: Kommunikatives Gedächtnis bei Uwe Timm. In: Finlay, Frank/Cornils, Ingo (Hrsg.): (Un-)erfüllte Wirklichkeit. Neue Studien zu Uwe Timms Werk. Würzburg: Königshausen & Neumann 2006 a

Galli, Matteo: Schuhkartons und Pappschachteln. Uwe Timms mediale ›Gedächtniskisten‹. In: Friedhelm Marx (Hrsg.): Kulturen der Erinnerung im Werk Uwe Timms. Göttingen: Wallstein Verlag 2006 b

Hielscher, Martin: NS-Geschichte als Familiengeschichte – AM BEISPIEL MEINES BRUDERS von Uwe Timm. In: Friedhelm Marx (Hrsg.): Kulturen der Erinnerung im Werk Uwe Timms. Göttingen: Wallstein Verlag 2006

Hörisch, Jochen: Abwesend und doch anwesend. U. Timms Familiengeschichte **Am Beispiel eines Bruders**. In: Neue Zürcher Zeitung, 9. 9. 03, S. 37

März, Ursula: Gespenstervertreibung. In einer anrührenden autobiografischen Erzählung nimmt Uwe Timm Abschied von seinem Bruder. In: Die Zeit, 19. 9. 03, S. 49

Langer, Hermann: »...bereit zu siegen oder zu sterben«. Deutschaufsätze 1933–1945. In: Geschichte lernen. Sammelband Nat.sozialismus. Velber: Friedrich Verlag 2000, S. 64–66

Naumann, Klaus: Kronzeugen der Opfergesellschaft? In zahlreichen Buchveröffentlichungen melden sich die »Kriegskinder« als eine neue Erinnerungsgemeinschaft zu Wort. In: Frankfurter Rundschau, 14. 4. 04, S. 17

Niefanger, Dirk: Grenzen der Fiktionalisierung. Zum Verhältnis von Literatur und Geschichte in Uwe Timms AM BEISPIEL MEINES BRUDERS. In: Friedhelm Marx (Hrsg.): Kulturen der Erinnerung im Werk U. Timms. Göttingen: Wallstein Verlag 2006

Oehlen, Martin: Der Mensch im Ausnahmezustand. Drei Schriftsteller über die Taten deutscher Soldaten im Zweiten Weltkrieg. In: Kölner Stadt-Anzeiger, 26. 8. 03, S. 23

Pfäfflin, Sabine: Einem Schatten auf der Spur – AM BEISPIEL MEINES BRUDERS von Uwe Timm. In: Deutschunterricht 4/2005, S. 24–30

Raulff, Ulrich: Bruder Hitler. In: Süddeutsche Zeitung, 8. 3. 04, S. 11

Richter, Steffen: Bruderschatten. Uwe Timm schreibt sich ein Familientrauma von der Seele. In: Der Tagesspiegel, 14. 12. 03, S. 32

Rudolph, Ekkehart: Familienbild mit Unschärfen. Uwe Timm rechnet ab: AM BEISPIEL MEINES BRUDERS. In: Stuttgarter Zeitung, 7. 10. 03, S. IX

Siblewski, Klaus: Die schwierigste aller Fragen. Warum ausgerechnet zur Waffen-SS? Uwe Timm erzählt vom Tod und fürchterlichen Nachleben seines Bruders. In: Frankfurter Rundschau, 17. 9. 03, S. 10

Simon, Ulrich: Die Leistung des Scheiterns. Widerstehen als Thema und als Problem in Uwe Timms Texten. In: Friedhelm Marx (Hrsg.): Kulturen der Erinnerung im Werk Uwe Timms. Göttingen: Wallstein Verlag 2006

Spiegel, Hubert: Der Nachkömmling. Uwe Timm erzählt die Kriegsgeschichte der Bundesrepublik. In: Frankfurter Allgemeine Zeitung, 13. 9. 03, S. 44

Welzer, Harald: Schön unscharf. Über die Konjunktur der Familien- und Generationsromane, in: Mittelweg 36, H. 1, 2004 a, 53–64

Welzer Harald: »Es gibt eine starke Tendenz, die Täter zu entschulden.« Ein Gespräch mit dem Sozialpsychologen Harald Welzer über den Wandel der deutschen Erinnerungskultur. In: Psychologie heute, 31. Jg., H. 10, 2004 b, S. 29–31

Williams, Rhys W.: »A perfectly ordinary childhood«: Uwe Timms AM BEISPIEL MEINES BRUDERS (2003). In: Finlay, Frank/Cornils, Ingo (Hrsg.): (Un-)erfüllte Wirklichkeit. Neue Studien zu Uwe Timms Werk. Würzburg: Königshausen & Neumann 2006

Wilczek, Reinhard: Das Motiv des verlorenen Bruders bei Hans-Ulrich Treichel und Uwe Timm. In: Finlay, Frank/Cornils, Ingo (Hrsg.): (Un-)erfüllte Wirklichkeit. Neue Studien zu Uwe Timms Werk. Würzburg: Königshausen & Neumann 2006

Wutschke, Jürgen: Er hält ihn fest in seinem Arm. Rezension: Uwe Timm: Am Beispiel meines Bruders. In: http://viewmag.de/kultur/03/47/timm.html (Stand: 12. 4. 06)

Weitere Sekundärliteratur zu Uwe Timmy

Durzak, Manfred: Die Position des Autors. Ein Werkstattgespräch mit Uwe Timm. In: Durzak, Manfred/Steinecke, Hartmut/Bullivant, Keith (Hrsg.): Archäologie der Wünsche. Studien zum Werk von Uwe Timm. Köln: Verlag Kiepenheuer & Witsch 1995, S. 311–354

Borries, Mechthild: Frauenbilder in Uwe Timms Romanen. Beobachtungen einer weiblichen Leserin. In: Durzak, M./Steinecke, H./Bullivant, K. (Hrsg.): Archäologie der Wünsche. Studien zum Werk von Uwe Timm. Köln: Verlag Kiepenheuer & Witsch 1995, S. 291–310

Bullivant, Keith: Reisen, Entdeckungen, Utopien: zum Werk Uwe Timms. In: Deutsche Bücher H. 4 1995, S. 255–262

Finlay, Frank/Cornils, Ingo (Hrsg.): (Un-)erfüllte Wirklichkeit. Neue Studien zu Uwe Timms Werk. Würzburg: Königshausen & Neumann 2006

Greiner, Ulrich: Der Geschichtensammler. Weshalb Uwe Timms Bücher die Kritik nicht wirklich benötigen. In: Malchow, Helge (Hrsg.): Der schöne Überfluß. Texte zu Leben und Werk von Uwe Timm. Köln: Verlag Kiepenh. & Witsch 2005, S. 25–31

Kämper-van den Boogaart, Michael: Ästhetik des Scheiterns. Studien zu Erzähltexten von Botho Strauß, Jürgen Theobaldy, Uwe Timm u. a. Stuttgart: Metzler Verlag 1992

Kritisches Lexikon zur deutschsprachigen Gegenwartsliteratur. Hrsg. von Heinz-Ludwig Arnold. Loseblattwerk. Neueste Auflage: März 2006 (Artikel über Uwe Timm)

Lexikon der deutschsprachigen Gegenwartsliteratur seit 1945. Begründet von H. Kunisch, fortgeführt von H. Wiesner, S. Cramer und D.-R. Moser. Neu herausgegeben von Thomas Kraft. Band 2: K-Z. München: Nymphenburger 2003, S. 1242–1245

Marx, Friedhelm (Hrsg.): Kulturen der Erinnerung im Werk Uwe Timms. Göttingen: Wallstein Verlag 2006

Niefanger, Dirk: Die Überwindung der *indifférence*. Uwe Timms selbstreflexives Erinnern. In: Stauf, Renate/Berghahn, Cord-Friedrich: Postmoderne und literarische Gegenwart. Eine Bilanz. Heidelberg: Winter Verlag (erscheint 2007)

Siblewski, Klaus: Ungute Gefühle: Fehlanzeige. Uwe Timm wagt leider nicht genug in seinem neuen Buch über den innig geliebten Freund Benno Ohnesorg. In: Frankfurter Rundschau, 30. 9. 05, S. 15

Sonstige zitierte Literatur

Adorno, Theodor W.: Erziehung nach Auschwitz. In: Adorno, Theodor W.: Erziehung zur Mündigkeit. Frankf./Main: Suhrkamp 6/1979, S. 88–104

Assmann, Aleida: »Erinnerungen verändern sich von einer Generation zur anderen.« (Gespräch mit A. Assmann). In: Psychologie heute 31. Jg., H. 10/2004, S. 26–28

Aichinger, Ingrid: Probleme der Autobiographie als Sprachkunstwerk. In: Günter Niggl (Hrsg.): Die Autobiographie. Zur Form und Geschichte einer literarischen Gattung. Darmstadt: Wissenschaftliche Buchgesellschaft 1989, S. 170–199

Assmann, Jan: Kollektives Gedächtnis und kulturelle Identität. In: Assmann, Jan/Hölscher, Tonio (Hrsg.): Kultur und Gedächtnis. Frankfurt am Main: Suhrkamp Verlag 1988, S. 9–19

Baßler, Moritz: Der deutsche Pop-Roman. Die neuen Archivisten. München: Beck Verlag 2002

Benjamin, Walter: Das Passagen-Werk. [Der Sammler]. In: Gesammelte Schriften. Bd. V.1. Frankfurt/Main: Suhrkamp Verlag 1972, 269–280

Bode, Sabine: Die vergessene Generation. Die Kriegskinder brechen ihr Schweigen. München-Zürich Piper Verlag, 3. Auflage 2005

Bogdal, Klaus-Michael: Sprachen der Erinnerung. Einführung in das Themenheft. In: Der Deutschunterricht 6/2005, S. 2–5

Borries, Bodo von: Das Geschichtsbewusstsein Jugendlicher. Eine repräsentative Untersuchung über Vergangenheitsdeutungen, Gegenwartswahrnehmungen und Zukunftserwartungen von Schülerinnen und Schülern in Ost- und Westdeutschland. Weinheim: Juventa Verlag 1995

Brumlik, Micha: Wer Sturm sät. Die Vertreibung der Deutschen. Berlin: Aufbau-Verlag 2005

Davidson, Donald: Was Metaphern bedeuten. In: Anselm Haverkamp (Hrsg.): Die paradoxe Metapher. Frankfurt/Main: Suhrkamp 1998, S. 49 ff.

Deutsches PISA – Konsortium (Hrsg.): PISA 2000: Basiskompetenzen von Schülerinnen und Schülern im internationalen Vergleich. Opladen: Leske + Buderich Verlag 2001

Ebert, Jens: Organisation eines Mythos. In: Jens Ebert (Hrsg): Feldpostbriefe aus Stalingrad. November 1942 bis Januar 1943. München: dtv 2005. S. 333–402

Eggert, Hartmut/Garbe, Christine: Literarische Sozialisation. Stuttgart–Weimar: Metzler Verlag, 2., akt. Aufl. 2003

Fingerhut, Karlheinz: Didaktik der Literaturgeschichte, in: Bogdal, Klaus-Michael/Korte, Hermann (Hrsg.): Grundzüge der Literaturdidaktik, München: dtv 2002, 147–165

Foucault, Michel: Wahnsinn und Gesellschaft. Eine Geschichte des Wahns im Zeitalter der Vernunft. Frankfurt am Main: Suhrkamp Verlag 1973

Foucault, Michel: Nietzsche, die Genealogie, die Historie. In: Michel Foucault: Dits et Ecrits. Schriften. Band II (1970–1975). Frankfurt am Main: Suhrkamp Verlag 2002, S. 166–190

Frenzel, Elisabeth: Motive der Weltliteratur. Ein Lexikon dichtungsgeschichtlicher Längsschnitte. Stuttgart: Kröner Verlag 4. Aufl. 1992

Freud, Sigmund: Die Traumdeutung. S. Freud: Studienausgabe. Bd II. Frankfurt/Main: S. Fischer Verlag 1972 (Erstveröffentlichung: 1900)

Gansel, Carsten: Moderne Kinder- und Jugendliteratur. Berlin: Cornelsen Verlag 1999

Geertz, Clifford: The Interpretation of Cultures. New York: Basic Books 1973.

Geisenhanslüke, Achim: Einführung in die Literaturtheorie. Darmstadt: Wissenschaftl. Buchgesellschaft 2003

Grimm, Jacob und Wilhelm: Kinder- und Hausmärchen (1812/15). In: Digitale Bibliothek Band 80: Deutsche Märchen und Sagen. Hrsg. von Hans-Jörg Uther, S. 285–289

Gruen, Arno: Der Fremde in uns. München: dtv, 4. Aufl. 2005

Johnson, Uwe: Jahrestage. Aus dem Leben der Gesine Cresspahl. Frankfurt am Main: Suhrkamp 1970–1983. Bd. 2 (1971)

Kammler, Clemens: Neue Literaturtheorien und Unterrichtspraxis, Positionen und Modelle, Baltmannsweiler: Schneider Verlag 2000

Kammler, Clemens: Die deutschsprachige Gegenwartsliteratur: Ein Problemfall der literarischen Sozialisation. In: Zeitschrift für Literaturwissenschaft und Linguistik. 31. Jg., Heft 124, Dezember 2001, S. 140–151

Kammler, Clemens: Literarisches Lernen in der Erinnerungskultur. Anmerkungen zu einer Aufgabe des Deutschunterrichts. In: Essener Unikate. Berichte aus Forschung und Lehre. Germanistik: Arbeit an/in der Kultur. Universität Duisburg – Essen 2005, S. 94–103

Köster, Juliane: B. Schlink: Der Vorleser. München: Oldenbourg Verlag 2000

Köster, Juliane: Archive der Zukunft. Der Beitrag des Literaturunterrichts zur Auseinandersetzung mit Auschwitz, Augsburg: Wißner Verlag 2001

Kurz, Gerhard: Metapher, Allegorie, Symbol. Göttingen: Vandenhoeck & Ruprecht: Wißner Verlag, 5., durchgesehene Auflage 2004

Leujeune, Philippe: Der autobiographische Pakt. In: Günter Niggl (Hrsg.): Die Autobiographie. Zur Form und Geschichte einer literarischen Gattung. Darmstadt: Wissenschaftl. Buchges. 1989, S. 367–391

Link, Jürgen/Link-Heer, Ursula: Diskurs/Interdiskurs und Literaturanalyse. In: Zeitschrift für Literaturwissenschaft und Linguistik 77, 1990, S. 88–99

Lohmann, Hans-Martin: Freud zur Einführung. Hamburg: Junius Verlag, 3. Auflage 1991

Matt, Peter von: Verkommene Söhne, missratene Töchter. Familiendesaster in der Literatur. München: dtv, 3. Auflage 2001

Meckel, Christoph: Suchbild. Über meinen Vater. Frankfurt am Main: Fischer Taschenbuch Verlag 1983

Mitscherlich, Alexander/Mitscherlich, Margarete: Die Unfähigkeit zu trauern: Grundlagen kollektiven Verhaltens. München: Piper Verlag, 18. Auflage 2004 (1. Auflage 1967)

Nietzsche, Friedrich: Zur Genealogie der Moral. In: Friedrich Nietzsche: Werke in drei Bänden. Hrsg. von Karl Schlechta. Zweiter Band, S. 761–900

Pflugmacher, Torsten: Abstand gestalten. Erinnerte Medien und Erinnerungsmedien in der Autobiografie seit 1989. In: Kammler, Clemens/Pflugmacher, Torsten (Hrsg.): Deutschsprachige Gegenwartsliteratur seit 1989. Zwischenbilanzen – Analysen – Vermittlungsperspektiven. Heidelberg: Synchron Verlag 2004, S. 109–126

Reddemann, Luise: Nachwort zu: Sabine Bode: Die vergessene Generation. Die Kriegskinder brechen ihr Schweigen. München–Zürich: Piper Verlag, 3. Auflage 2005, S. 283–288

Schneider, Jost: Einführung in die Romananalyse. Darmstadt: Wissenschaftliche Buchgesellschaft 2003

Schneider, Wolfgang/Schrade, Andreas: Die Waffen-SS. Text und Dokumantation: Wolfgang Schneider/Bildredaktion: Andreas Schrade. Reinbek: Rowohlt Taschenbuch Verlag, 5. Auflage 2003

Schnell, Ralf: Geschichte der deutschsprachigen Literatur seit 1945. Stuttgart: Metzler Verlag, 2., überarbeitete und erweiterte Auflage 2003

Shavit, Zohar: Die Darstellung des Nationalsozialismus und des Holocaust in der deutschen und israelischen Kinder- und Jugendliteratur. In: Dahrendorf, Malte/Shavit, Zahar (Hrsg.): Die Darstellung des Dritten Reiches im Kinder- und Jugendbuch. Frankfurt/Main: dipa-Verlag 1988, S. 11–42

Shavit, Zohar: Aus Kindermund. Historisches Bewusstsein und nationaler Diskurs in Deutschland nach 1945. In: Neue Sammlung 36 (1996), H. 3, S. 355–374

Sydnor, Charles: Theodor Eicke. Organisator der Konzentrationslager. In: Ronald Smelser/Enrico Syring (Hrsg.): Die SS: Elite unter dem Totenkopf. 30 Lebensläufe. Paderborn: Schöningh Verlag, 2., durchges. und aktualis. Auflage 2003, S. 147–159

Sydnor, Charles W. Jr.: Soldaten des Todes. Die 3. SS – Division »Totenkopf« 1933–1945. Aus dem Englischen übersetzt von Karl Nicolai. Mit einem Geleitwort von Bernd Wegner. Paderborn–München–Wien–Zürich: Schöningh, 4. Aufl. 2005

Ullmann, Montague/Zimmermann, Nan: Mit Träumen arbeiten. Stuttgart: Klett-Cotta 1986.

Vogt, Jochen: Erinnerung ist unsere Aufgabe, Über Literatur, Moral und Politik 1945–1990. Opladen: Westdeutscher Verlag 1991

Wagner-Egelhaaf, Martina: Autobiographie. Stuttgart–Weimar: Metzler 2000

Wegner, Bernd: Hitlers politische Soldaten: Die Waffen-SS 1933–1945. Schöningh: Paderborn–München–Wien–Zürich 6/1999

Weinrich, Harald: Lethe. Kunst und Kritik des Vergessens. München: Beck Verlag 1997

Weiss, Peter: Abschied von den Eltern. Frankfurt am Main: Suhrkamp 2000

Welzer, H./Moller, S./Tschuggnall, K.: Opa war kein Nazi. Nationalsozialismus und Holocaust im Familiengedächtnis, Frankfurt am Main: Fischer Taschenbuch Verlag, 4. Aufl. 2003

Welzer, Harald: Täter. Wie aus ganz normalen Menschen Massenmörder wurden. Frankfurt am Main: S. Fischer Verlag 2005

Wette, Wolfram: Die Wehrmacht, Feinbilder – Vernichtungskrieg – Legenden. Darmstadt: Wissenschaftliche Buchgesellschaft 2002

Wyrobnik, Irit: Familiengedächtnis und Holocaust – in Literatur und Familiengespräch. In: Familiendynamik. Internationale Zeitschrift für systemorientierte Praxis und Forschung. 4/2005, S. 335–352

Erwähnte Filme und Hörbücher

Uwe Timm, Am Beispiel meines Bruders. Gelesen von Gert Heidenreich. (Hörbuchfassung). Random House Audio GmbH

Stalingrad. Dokumentarfilm. Regie Guido Knopp. D/R/NL/SF 2003. (Der Film ist als DVD erhältlich.)

Sophie Scholl. Die letzten Tage. Regie: Marc Rothemund. Spielfilm. Deutschland 2005. (Der Film ist als DVD erhältlich.)

Zeittafel zu Leben und Werk

1940 geboren als Uwe Hans Heinz Timm am 30. März 1940 in Hamburg, in der Nähe des Hafens aufgewachsen
Kürschnerlehre
Besuch des Braunschweig-Kollegs
1963 Abitur
Studium der Philosophie und Germanistik in München und Paris
1967 während der Studienzeit in München engagiert sich Timm im ›Sozialistischen Deutschen Studentenbund‹; Prägung durch die Ideen der Studentenbewegung der späten 60er-Jahre, dieses politisch-gesellschaftliche Großthema begleitet Timm durch sein schriftstellerisches Werk;
im selben Jahr beginnt er gemeinsam mit Uwe Wandrey und Peter Schütt, Agitprop-Gedichte zu verfassen
1971 Promotion über Albert Camus (Thema: *Das problem der Absurdität bei Albert Camus*);
im Anschluss daran Studium der Soziologie und Volkswirtschaftslehre;
Beginn der Arbeit als freiberuflicher Schriftsteller zunächst mit politischer Lyrik;
erste Veröffentlichung mit dem Gedichtband *Widersprüchliche Gedichte*;
Mitbegründer der ›Wortgruppe München‹;
1971–76 Mitherausgeber der **Literarischen Hefte**
1972–82 Mitherausgeber der **Autoren**

Edition
Hörspiel *Herbert oder die Vorbereitung auf die Olympiade*
Hörspiel *Die Steppensau*
1973 *Freizeit*, Ein Lesebuch
1974 *Heisser Sommer*, Roman
1976 Aufenthalt in Namibia, Recherchen für den Roman *Morenga*
1977 *Wolfenbüttlerstr. 57*, Gedichte
1978 *Morenga*, Roman
1980 *Kerbels Flucht*, Roman
1981–83 lebt Uwe Timm in Rom
1981 *Die Deutschen Kolonien*, Fotoband
Die Zugmaus, Kinderbuch, mit Illustrationen von Tatjana Hauptmann, Timms erstes Kinderbuch
1983 *Die Piratenamsel*, Kinderbuch, mit Illustrationen von Gunnar Matysiak
Fernsehspiel *Alle Wege führen nach Roma*
1984 *Der Mann auf dem Hochrad*, Roman
Drehbuch zur Fernsehspielverfilmung des Romans *Kerbels Flucht*, Regie: Erwin Keusch
Hörspiel *Der Lauschangriff*
1985 Drehbuch zum Fernsehspiel *Morenga*, Regie: Egon Günter
1986 *Der Schlangenbaum*, Roman
1987 Drehbuch zu *Der Flieger*, Regie: Erwin Keusch
1989 *Rennschwein Rudi Rüssel*, Kinderroman, mit Illustrationen von Gunnar Matysiak
Vogel, friss die Feige nicht. Römische Aufzeichnungen, Essays

1991 *KOPFJÄGER*, Roman
DIE PIRATENAMSEL, veränderte Neuausgabe mit Illustrationen von Gunnar Matysiak
1993 *ERZÄHLEN UND KEIN ENDE, VERSUCHE ZU EINER ÄSTHETIK DES ALLTAGS* hierin sein Bekenntnis zur Funktion als Erzähler: [...] weil mir etwas den Atem verschlägt, [...] aus der Lust heraus, spielerisch die Wirklichkeit umzubauen, damit etwas Neues, so noch nicht Dagewesenes entsteht [...] (S. 79)
DIE ENTDECKUNG DER CURRYWURST, Novelle
1995 *DER SCHATZ AUF PAGENSAND* Mitarbeit am Drehbuch zum Kinderfilm *RENNSCHWEIN RUDI RÜSSEL*, Regie: Peter Timm
1996 *JOHANNISNACHT*, Roman
1998 *DIE BUBI-SCHOLZ-STORY*, Roman
1999 *NICHT MORGEN, NICHT GESTERN*
2000 *EINE HAND VOLL GRAS*, Drehbuch
2002 *ROT*, Roman
2003 *AM BEISPIEL MEINES BRUDERS*
2005 *DER FREUND UND DER FREMDE*
Heute wohnt Uwe Timm mit seiner Familie in München.

Preise, Auszeichnungen und Ehrungen

1979 Bremer Förderpreis für Literatur
1989 New York-Stipendium des Deutschen Literaturfonds
1989 Auswahlliste zum Österreichischen Staatspreis für *RENNSCHWEIN RUDI RÜSSEL*
1989 Buch des Monats der Deutschen Akademie für *RENNSCHWEIN RUDI RÜSSEL*
1989 Literaturpreis der Stadt München
1990 Deutscher Jugendliteraturpreis 1990 für *RENNSCHWEIN RUDI RÜSSEL*
1994 Boekenwelpen für *RENNSCHWEIN RUDI RÜSSEL*
1995 ›Die Besten 7‹ für *DER SCHATZ AUF PAGENSAND*
1996 Bayerischer Filmpreis für *RENNSCHWEIN RUDI RÜSSEL*
2001 Großer Preis der Bayerischen Akademie der Künste
2002 Stadtschreiber von Bergen-Enkheim
2002 Münchener Literaturpreis
2003 Schubart-Literaturpreis
2003 Erik-Reger-Preis der Zukunftsinitiative des Landes Rheinland-Pfalz
2006 Jakob-Wassermann-Literaturpreis der Stadt Fürth